MATTHIAS FRANZ

ALLEINERZIEHEND, SELBSTBEWUSST UND STARK

fischer & gann

ALLEINERZIEHEND
SELBSTBEWUSST UND STARK

MATTHIAS FRANZ

Mit zahlreichen Übungen
des *wir2*-Bindungstrainings

fischer & gann

Wir danken dem Verlag Vandenhoeck & Ruprecht für die Abdruckgenehmigung des Arbeitsblattes zu »Mein Gefühlsthermometer«.
Texte von Monika Weitze aus »Wie der kleine rosa Elefant einmal sehr traurig war und wie es ihm wieder gut ging« © 1999 Bohem Press AG.
Mit freundlicher Genehmigung des Verlags.

Bibliografische Information der Deutschen Nationalbibliothek:
Die Deutsche Nationalbibliothek verzeichnet diese Publikation
in der Deutschen Nationalbibliografie; detaillierte bibliografische Daten
sind im Internet über http://dnb.d-nb.de abrufbar.

© Verlag Fischer & Gann, Munderfing 2016
Umschlaggestaltung | Layout: Gesine Beran, Turin | Hamburg
Umschlagmotiv: © shutterstock/Mila Suprinskaya
Gesamtherstellung | Druck: Aumayer Druck + Verlag Ges.m.b.H. & Co KG, Munderfing
Printed in The European Union

ISBN 978-3-903072-21-3
ISBN E-Book 978-3-903072-28-2

www.fischerundgann.com

INHALT

KAPITEL 3

KAPITEL 4

KAPITEL 5

KAPITEL 6

ZUM SCHLUSS

ANHANG

VORWORT
von Prof. Dr. Gunter Thielen

ALLEINERZIEHEND – NA UND?!
VON DER KUNST,
DIE BALANCE ZU FINDEN

RUND ACHT MILLIONEN FAMILIEN mit minderjährigen Kindern zählt die Statistik in Deutschland. Knapp 20 Prozent davon sind alleinerziehende Mütter oder Väter – Tendenz: steigend. In neun von zehn Fällen ist die Mutter der alleinerziehende Elternteil.

Studien zeichnen ein differenziertes Bild dieser sogenannten Ein-Eltern-Familien und räumen mit Vorurteilen auf: Viele alleinerziehende Mütter sehen ihre Lebenssituation überwiegend positiv, verfügen über ein hohes Selbstvertrauen und haben ihre ganz persönlichen Strategien, um die Herausforderungen des Alltags zu meistern.

UNENDLICH VIEL FREUDE ...

JEDER, DER KINDER HAT, WEISS: Der Alltag mit ihnen bringt unendlich viel Freude, kostet aber auch eine Menge Kraft und Nerven. Die meisten Alleinerziehenden stehen darüber hinaus vor dem Dilemma, Familie, Beruf und Zeit für sich selbst unter einen Hut zu bekommen. Sie sehen sich mit deutlich höheren Anforderungen an die Organisation des Alltags konfrontiert – von der Versorgung und Erziehung der Kinder, der Haushaltsführung bis zur Sicherung des Einkommens. Es bleibt kaum Luft, einmal durchzuatmen. Das Risiko, dass der Stress das Leben diktiert, ist groß.

»ICH HETZE NUR NOCH ZWISCHEN IRGENDWELCHEN TERMINEN hin und her. Von der Arbeit zur Kita, von der Kita zum Arzt. Von da wieder weiter. Und irgendwo dazwischen soll ich auch noch einkaufen, putzen und mit dem Kleinen spielen.« In vielen Ein-Eltern-Familien läuft das Leben ähnlich ab: Chaos, Termindruck, Stress – keine Zeit für harmonisches Beisammensein.

Hinzu kommt: Unzureichende gesellschaftliche Rahmenbedingungen wie familienunfreundliche Arbeitszeiten, fehlende Betreuungsangebote für Kinder sowie die Auswirkungen von Hartz IV belasten Alleinerziehende und ihre Familie besonders: Aus dem 4. Armuts- und Reichtumsbericht der Bundesregierung geht hervor, dass sie mit 40 Prozent das höchste Armutsrisiko aller Haushalte in Deutschland haben. Kinder in Ein-Eltern-Familien leben fünfmal häufiger von Hartz IV als Kinder in Paarfamilien. So verwundert es nicht, dass manche Alleinerziehende Hilfe brauchen.

ZUWENDUNG GEBEN – KOMPETENZEN STÄRKEN

AUCH WENN ES NATÜRLICH FALSCH IST, Alleinerziehende generell mit dem Stigma der Hilfsbedürftigkeit zu versehen (schließlich handelt es sich weder um eine einheitliche Gruppe noch um Problemfälle): In manchen Familien drohen Mütter oder Väter im Alltagsstress Schaden zu nehmen. Weil äußere oder seelische Umstände sie besonders belasten. Und weil sie zugleich Tag für Tag die emotionale, häufig auch die finanzielle Alleinverantwortung tragen – sowohl für sich als auch für ihre Kinder.

So kann es geschehen, dass die Belastungen auf Dauer zu seelischen und gesundheitlichen Beeinträchtigungen führen. Oft sind Schlaflosigkeit, psychosomatische Erkrankungen oder ein erhöhtes Risiko für Depressionen die Folge. Was also ist zu tun?

Die Experten gehen davon aus, dass es – neben der Bekämpfung von Armut und der bestehenden gesellschaftspolitischen Benachteiligungen – das Wichtigste ist, belastete Alleinerziehende dabei zu unterstützen, ihr seelisches Gleichgewicht zu finden, ihnen Zuwendung zu geben und sie in ihren Kompetenzen und ihrem Selbstvertrauen zu stärken – ohne sie zu gängeln oder zu bevormunden.

DIE KUNST DER BALANCE!

ZIEL MUSS ES SEIN, DIE BETROFFENEN in die Lage zu versetzen, ihre Stärken zu erkennen und sie gleichzeitig auf die Bedürfnisse ihrer Kinder aufmerksam zu machen. Hilfe zur Selbsthilfe: Denn starke Mütter oder Väter können ihre persönlichen und sozialen Probleme überwinden und zusammen mit ihren Kindern als gesunde Familie am gesellschaftlichen Leben teilhaben.

AUCH DIE KINDER LEIDEN

ZAHLREICHE STUDIEN BELEGEN, wie auch Kinder darunter leiden, wenn ihre Mütter oder Väter sich überfordert fühlen, gestresst oder traurig sind. Manche Kinder reagieren mit Verhaltensauffälligkeiten, zum Beispiel mit Hyperaktivität oder sozialem Rückzug. Einige tun sich schwer, im Kindergarten und später in der Schule selbstbewusst ihren Weg zu gehen.

Prof. Dr. Matthias Franz, Facharzt für Psychosomatische Medizin und Psychoanalytiker an der Universitätsklinik Düsseldorf, ist in seinem Berufsleben einer wachsenden Zahl von belasteten Trennungsfamilien begegnet. Um ihnen zu helfen, hat er zunächst das präventive Elterntraining »PALME« (Präventives Elterntraining für alleinerziehende Mütter, geleitet von ErzieherInnen) entwickelt und anschließend gemeinsam mit der Walter Blüchert Stiftung das Bindungstraining *wir2*. Die gesammelten Erfahrungen von Ärzten, Psychologen und Erzieherinnen kommen Alleinerziehenden zugute, die sich in einer belastenden Situation Unterstützung wünschen – damit es ihnen und ihren Kindern besser geht.

SELBSTBEWUSSTSEIN GEWINNEN – BINDUNG AUFBAUEN – BEZIEHUNG STÄRKEN

DAS BEISPIEL *WIR2* ZEIGT: Guter Rat hilft! Das bindungstheoretisch fundierte Elterntraining fördert das seelische Gleichgewicht und verhindert präventiv, dass auch die Kinder unter den Problemen von Vater oder Mutter leiden und gesundheitlichen Schaden nehmen. Die Alleinerziehenden fühlen sich anschießend deutlich optimistischer und selbstbewusster. Das belegen die wissenschaftlichen Evaluationen. Und so wird auch dieser Ratgeber helfen. Wenn die Erwachsenen mehr Selbstbewusstsein gewinnen und ihre Stärken erkennen, können die Kinder ebenfalls unbeschwerter leben und glücklich in die Zukunft starten – ein nachhaltig positiver Effekt, auch für unsere Gesellschaft.

NACHHALTIGER NUTZEN – AUCH FÜR UNSERE GESELLSCHAFT

ES SEI NOCH EINMAL DARAUF HINGEWIESEN: In Deutschland lebt die Hälfte der Kinder in Armut bei Alleinerziehenden. Da es nach wie vor keine flächendeckenden und ausreichend zeitlich flexiblen Angebote an Kindertagesbetreuung gibt, sind auch Initiativen, die ergänzende Kinderbetreuung und Notfallbetreuung für Ein-Eltern-Familien fördern, für Alleinerziehende unglaublich wichtig. Mancherorts unterstützen lokale Netzwerke die Ein-Eltern-Familien bei der Bewältigung ihres Alltags – auch die Walter Blüchert

Stiftung finanziert drei Modellprojekte. Das reicht jedoch bei Weitem nicht aus.

Nur ein gut funktionierendes Netz aus variablen, passgenauen und bezahlbaren Betreuungsangeboten eröffnet Alleinerziehenden die Chance auf Arbeit und trägt zur Stabilität ihrer wirtschaftlichen Lage bei. Diese Grundvoraussetzung für das Gelingen von Ein-Eltern-Familien zu schaffen ist unerlässlich – auch auf dem Weg zu mehr sozialer Gerechtigkeit.

Es geht bei sozialer Gerechtigkeit schließlich nicht darum, Vermögen umzuverteilen. Mehr soziale Gerechtigkeit lässt sich vor allem dadurch erreichen, dass wir Menschen befähigen, ihr Leben erfolgreich selbst zu gestalten – ganz gleich, ob es sich um wirtschaftliche und soziale Sicherheit, Chancen auf Bildung und Beschäftigung, Gender- oder Generationen-Gerechtigkeit handelt. Wenn soziale Gerechtigkeit fehlt, entwickeln sich Parallelgesellschaften, die das gesellschaftliche Zusammenleben und das friedliche Miteinander belasten.

Für mich steht fest: Wenn wir Menschen dabei helfen, Krisen und Lebensumbrüche zu meistern, persönliche Hürden zu überwinden und ihre Potenziale zu entwickeln, profitiert unsere gesamte Gesellschaft davon: Teilhabe und Erfolg des Einzelnen wird zum nachhaltigen Nutzen für alle. Lassen Sie uns gemeinsam mit Medizinern, Verbänden, Sozialeinrichtungen, kirchlichen Organisationen und Kommunen an der Vision arbeiten, dass »alleinerziehend« kein Stigma ist. Alleinerziehend – na und! Auf das Fragezeichen können wir verzichten.

Mit den besten Wünschen für eine erfolgreiche Lektüre

Prof. Dr. Gunter Thielen
Vorstandsvorsitzender der Walter Blüchert Stiftung

VORWORT
des Autors

DIESES BUCH WENDET SICH IN ERSTER LINIE an die alleinerziehenden Mütter, denn sie machen ja etwa 90 Prozent der Alleinerziehenden aus. Doch auch für alleinerziehende Väter können manche Inhalte dieses Buches wichtig und interessant sein.

Möglicherweise fragen Sie sich als Leserin, wieso ausgerechnet ein Mann dazu kommt, einen Ratgeber für alleinerziehende Mütter zu verfassen. Diese Frage wird mir mit Regelmäßigkeit immer wieder gestellt und ich bin jedes Mal erstaunt darüber. Selbstverständlich können auch wir Männer Anteil an der oft schwierigen Lebenssituation von alleinerziehenden Müttern nehmen. Ich bin selber Vater von zwei erwachsenen Söhnen und weiß, wie viel Kraft und Sorge es neben aller Liebe auch erfordert, Kinder unter den heutigen Umständen in ihrer Entwicklung zu begleiten.

Als Arzt für Psychosomatische Medizin und als Psychoanalytiker, der über viele Jahrzehnte hinweg zahlreiche Paare behandelt hat, weiß ich auch, wie schwer es besonders alleinerziehende Mütter (und Väter) haben. Sie sind oft tief verletzt, niedergeschlagen und selber bedürftig und tragen trotzdem gleichzeitig lebenslang Verantwortung für die Entwicklung ihrer Kinder. Dabei sind sie nicht selten auch einsam und kämpfen mit einer schwierigen wirtschaftlichen Situation. Hier könnte die Politik sicher noch mehr tun, um sie finanziell zu entlasten. In meiner psychotherapeutischen Arbeit mit Alleinerziehenden und ihren Kindern wurde mir auch sehr deutlich, welche großen seelische Nöte und wie viel Kummer und Wut in dieser Lebenssituation oft zu bewältigen sind. Denn die wirtschaftlichen Belastungen sind das eine, die emotionalen Verletzungen und ihre Auswirkungen auf alle

Trennungsbeteiligten sind das andere. Die konflikthafte Trennung einer langjährigen Liebesbeziehung gehört zu den belastendsten und schmerzhaftesten Erfahrungen des Lebens, insbesondere wenn Kinder mit betroffen sind. Verletztes Vertrauen, zerstörte Lebenspläne, enttäuschte Liebe, andauernder Streit oder sogar Betrug in ehemals engen Liebesbeziehungen können zusammen mit Armut und Einsamkeit auf die Dauer Eltern und Kinder auch krank machen.

Von Armut an Geld, Armut an Beziehungen und zwischenmenschlichen Konflikten sind Alleinerziehende und ihre Kinder besonders stark betroffen. Sie erkranken statistisch gesehen deutlich häufiger an seelischen, psychosomatischen aber auch körperlichen Krankheiten als Eltern und Kinder in Paarfamilien. Deshalb sind Armut, Einsamkeit, seelische Belastungen und hierdurch auch beeinträchtigte Elternkompetenzen die zentralen Themen, an denen Prävention und Hilfen für Alleinerziehende ansetzen müssen. Diese Zusammenhänge haben wir und andere Wissenschaftler in großen Bevölkerungsstudien immer wieder nachweisen können. Und viele Fachleute fragen sich, warum die Politik in Deutschland immer noch so wenig für die stetig wachsende Gruppe der Alleinerziehenden tut.

Maßgeblich für die Auseinandersetzung mit diesen gesellschaftlichen Herausforderungen war für mich neben meiner psychotherapeutischen Tätigkeit auch meine wissenschaftliche Arbeit. Mitte der Neunzigerjahre des letzten Jahrhunderts war ich zusammen mit einem wissenschaftlichen Team mit der Durchführung und Datenanalyse der in Deutschland einzigen von Psychoanalytikern geleiteten Bevölkerungsstudie zum Langzeitverlauf psychosomatischer Erkrankungen befasst. Diese »Mannheimer Kohortenstudie zur Epidemiologie psychogener Erkrankungen«

wurde von der Deutschen Forschungsgemeinschaft gefördert und bereits in den Siebzigerjahren von Heinz Schepank begonnen. Eines ihrer Hauptergebnisse war, dass ein Viertel der erwachsenen Normalbevölkerung an einer psychischen oder psychosomatischen Erkrankung leidet. Dieser heute unumstrittene Befund verursachte damals große Irritationen und wurde sogar von manchen Fachkollegen nicht zur Kenntnis genommen.

Wir machten aber dann eine weitere, für uns damals zunächst fast unglaubliche Entdeckung. Wir stießen in unserem Datenmaterial auf ein jahrzehntelang verleugnetes kollektives Kriegsfolgetrauma und entdeckten tiefgreifende Auswirkungen der kriegsbedingten Vaterlosigkeit auf die Entwicklung und seelische Gesundheit der betroffenen Kriegskinder. Zeitlich parallel zu unserer Arbeit berichtete Hartmut Radebold aus seinen psychoanalytischen Behandlungen vaterloser deutscher Kinder, die den Zweiten Weltkrieg miterleben mussten, über das große Leid dieser Patienten noch Jahrzehnte später. Und wir fanden dazu passend selbst 50 Jahre nach Kriegsende eine deutlich höhere Belastung vaterloser Kriegskinder (der Geburtsjahrgänge 1935 bis 1945) beispielsweise durch Ängste, Depressionen oder psychosomatische Beschwerden im Vergleich mit Kriegskindern, die mit ihren Vätern ihre Kindheit verlebten.

Auch dieser Befund der negativen Langzeitauswirkungen von Vaterlosigkeit über den gesamten Lebenszyklus hinweg stieß zunächst auf Ablehnung und Abwehr. Für viele selbst leidvoll von diesem Thema Betroffenen war es offensichtlich unvorstellbar, vielleicht auch unerträglich, dass das Fehlen des Vaters eine derartige langfristige Wirkung haben könnte. Auch unser Forschungsteam zögerte deshalb die Veröffentlichung unserer Befunde bis 1999 hinaus – damals in Deutschland der erste epidemiologische

Beweis für die negativen Langzeitfolgen der kriegsbedingten Vaterlosigkeit. In einer groß angelegten Wiederholungsstudie an einer repräsentativen Stichprobe konnten wir schließlich – diesmal 60 Jahre nach Kriegsende – erneut zeigen, dass das kriegsbedingte Fehlen des Vaters in der Kindheit das Risiko, im späteren Leben psychisch zu erkranken, deutlich erhöht.

Diese schmerzliche Erkenntnis führte mich dann zu der Fragestellung, welche Folgen der Verlust der Beziehung zum Vater denn heute nach sich ziehen könnte. Glücklicherweise fehlen die Väter heute zumindest in Mitteleuropa nicht mehr kriegsbedingt. Aber sie fehlen zunehmend aufgrund von Trennungen. Und sie fehlen eben besonders ihren Kindern, umso mehr, je jünger diese zum Trennungszeitpunkt sind. Nachdem diese Zusammenhänge inzwischen gut erforscht sind, geht es jetzt eigentlich darum, die Betroffenen möglichst wirksam zu unterstützen, wenn es in einer Trennungssituation zu psychischen, gesundheitlichen und sozialen Belastungen kommt, die die Bewältigung der Trennungsfolgen erschweren oder sogar verhindern. Dies alles zeigt eigentlich jedem, der sich mit diesem Problemfeld beschäftigt, dass es die Bringschuld der sozialen Bezugsgruppe ist, Eltern nach einer Trennung mit ihren Kindern nicht alleinzulassen.

Und aus diesem Grunde habe ich mich dazu entschlossen, in den letzten zehn Jahren mit der Hilfe vieler Kolleginnen und Kollegen ein präventives bindungsorientiertes Elterntraining speziell für die Unterstützung Alleinerziehender zu entwickeln, in das auch entwicklungspsychologische und psychotherapeutische Erkenntnisse intensiv eingeflossen sind: **wir2**. Dieses wirksame Programm wurde erfreulicherweise zunehmend bekannt und wir haben mittlerweile bundesweit etwa 300 Gruppenleiterinnen und Gruppenleiter geschult. So war es dann vielleicht kein Wunder, dass der Verlag Fischer & Gann mich eines Tages kontaktierte und mir vorschlug, für die große Gruppe der alleinerziehenden Mütter auch einen wissenschaftlich fundierten, an *wir2* angelehnten Ratgeber zu verfassen, da dieses Programm ja nicht überall verfügbar ist. Für Wissenschaftler ist das Verfassen eines Ratgebers vielleicht eine etwas ungewöhnliche Aktivität, zumal sich damit keine Meriten im wissenschaftlichen Wettbewerb in Form von Publikationspunkten erlangen lassen. Aber andererseits hat die öffentlich finanzierte Wissenschaft auch eine Bringschuld, ihre Erkenntnisse denen wieder zurückzugeben, die sie durch ihre Förderung erst möglich gemacht haben. Insofern muss Wissenschaft sich immer auch gesellschaftlich vermitteln und aus ihrem Elfenbeinturm herausfinden.

Dieses Buch soll dazu in einem – wie ich finde – für uns alle sehr wichtigen Problemfeld einen bescheidenen Beitrag liefern. Es gibt der Leserin und dem Leser einen Überblick über die sozialen und gesundheitlichen Risiken, denen vor allem Alleinerziehende und ihre Kinder ausgesetzt sind. Es vermittelt entwicklungspsychologische Zusammenhänge und es gibt anhand von Fallbeispielen, Übungen und Informationen auf eine allgemeinverständliche Weise praktische Hilfestellung und Unterstützung.

Ich bin allen, die mir bei der Abfassung dieses Buches ihre Hilfe und Unterstützung gegeben haben, sehr dankbar. Besonders bedanken möchte ich mich bei Mathilde Fischer für ihre wirklich hartnäckige Überzeugungsarbeit angesichts meiner anfänglichen Skepsis und auch für die sehr hilfreiche praktische Unterstützung durch den Verlag, vielen Dank auch an Anni Bürkl und Anita Jantzer für die Strukturierung des Materials und das intensive Lektorat. Bedanken möchte ich mich auch bei Claudio Ahlefelder für dessen juristische Expertise, sowie bei Dirk Rampoldt und

Daniel Hagen von der Walter Blüchert Stiftung und bei meinen geschätzten Kolleginnen vom Klinischen Institut für Psychosomatische Medizin und Psychotherapie an der Universitätsklinik Düsseldorf für ihre Hilfe bei der Recherche. Und nicht zuletzt bedanke ich mich bei den vielen Alleinerziehenden, die ich sowohl als Therapeut als auch als Wissenschaftler begleiten durfte. Ich danke ihnen für ihr Vertrauen und habe höchsten Respekt vor der enormen Leistung, die sie als alleinerziehende Eltern für ihre Kinder – und damit auch für uns alle – unter oft schwierigsten Bedingungen und viel zu oft alleingelassen erbringen.

Düsseldorf, den 31.12.2015
Matthias Franz

KAPITEL 1
DAS LEBEN ALS ALLEINERZIEHENDE ZWISCHEN WUNSCHBILD UND REALITÄT

IN EINEM ARM LÄSSIG IHR BABY HALTEN, mit der anderen Hand auf dem Laptop an ihrer Karriere basteln, nebenbei ein größeres Kind beim Spielen unterstützen und dabei die ganze Zeit mit strahlendem Lächeln und der Botschaft: »Mir geht's gut!«

Kommt Ihnen dieses Bild bekannt vor, liebe Leserin? So entspannt und fröhlich werden alleinerziehende Mütter häufig dargestellt. Sie scheinen unverbesserliche Optimistinnen zu sein, die allein jede noch so große Herausforderung mit links bewältigen und es gut finden, keine Meinungen anderer bei Entscheidungen berücksichtigen zu müssen. Geht man nach manchem Medienbericht, bewähren sich alleinerziehende Mütter gleichermaßen bei Kindern und Karriere.

Kennen Sie diese Darstellung alleinerziehender Eltern auch, liebe Leserin? Und? Wie sehr deckt sich diese mit Ihrem eigenen Leben? Gar nicht?

Ich kann Sie beruhigen: Sie sind damit in guter Gesellschaft.

Wir wissen heute aus vielen Studien, dass dieses gern gezeichnete Bild nicht der Realität alleinerziehender Mütter (und der wenigen alleinerziehenden Väter) entspricht. Aus vielen Untersuchungen, etwa den Daten des Sozioökonomischen Panels, SOEP, von 2008, neueren Studien wie »Alleinerziehende unter Druck« (2014) von A. Lenze der Universität Darmstadt (Bertelsmann Stiftung) oder der AOK-Familienstudie 2015 ist bekannt, dass etwa die Hälfte der Mütter, die ihr Kind alleine großziehen, mit ihrer Lebenssituation unzufrieden sind. Sie empfinden sie als belastend und kommen mit den Umständen psychisch, organisatorisch und/oder finanziell nicht sehr gut zurecht, zum Beispiel sind 40 Prozent von ihnen Hartz IV-Empfängerinnen.

Es ist also eine normale Reaktion auf einen unnormalen Lebenszustand, wenn auch Sie sich von Ihrem Leben allein mit Kind bisweilen oder auch öfter überfordert fühlen. Auch von der Natur her ist ein solches Zusammenleben eines einzigen Erwachsenen mit Kindern eher nicht vorgesehen. Schon die während der Industrialisierung entstandene Kleinfamilie Vater-Mutter-Kind entspricht nicht unserer auf zwischenmenschliche Kooperation ausgerichteten Veranlagung, die auf ein Zusammenleben in Gruppen von vielleicht 40 oder 60 Individuen angelegt wäre, die rund um Mutter und Kind jederzeit unterstützend eingreifen können.

Die vorliegenden Forschungsergebnisse zur Situation alleinerziehender Eltern und ihrer Kinder sollen mit diesem Buch nun auch Sie, liebe Leserin, erreichen. Ich möchte Ihnen damit ganz konkrete Hilfestellungen für Ihren Alltag bieten, damit die Last auf Ihren Schultern leichter wird.

EINE LIEBE ZERBRICHT, EIN PAAR TRENNT SICH. Eine Beziehung, die eigentlich auf Beständigkeit angelegt war, ist zu Ende, aus welchen Gründen auch immer. Das sprichwörtliche Geschirr wurde zerbrochen, Wunden sind geschlagen worden und müssen erst einmal heilen, eine neue Wohnung muss gesucht werden, ein neuer Alltag muss sich erst noch einspielen. Freunde warten ab oder ziehen sich womöglich zurück. Plötzlich stehen Sie als Mutter alleine mit ihren Kindern und einer Menge Probleme da.

Was jedoch nach einer Trennung bleibt, ist das gemeinsame Kind. Die Elternschaft besteht ja auch nach der Trennung, sie löst sich schließlich nicht in Luft auf. Was bleibt, ist die Verantwortung für einen heranwachsenden Menschen. Diese fällt nach Trennungen auch heute noch zumeist den Müttern zu.

Mit der Trennung ist die kleine Einheit Vater-Mutter-Kind zerbrochen. Der jeweils sorgepflichtige Elternteil ist nun großteils für die Betreuung des Kindes zuständig. Seine Aufgabe ist es, den Alltag zu organisieren, Betreuung, Geld und Wohnraum zu beschaffen. Alle Pflichten lasten nun auf den Schultern eines einzigen Erwachsenen, zumeist der Mutter. Alleinerziehen heißt bei uns noch viel zu oft alleingelassen. Die Mutter kommt dadurch in eine Situation, die es eigentlich gar nicht geben dürfte, weil die soziale Bezugsgruppe eine Bringschuld für die Unterstützung von Alleinerziehenden hat.

Der organisatorische Aufwand und damit der Druck auf den alleinerziehenden Elternteil steigt mit der Trennung um ein Vielfaches. Ein eigener Acht-Stunden-Arbeitstag muss mit den Öffnungszeiten von Schule oder Kindergarten koordiniert werden. Wehe, Mutter oder Kind werden krank oder es fallen Überstunden beziehungsweise eine Dienstreise an, dann kann das bereits fragile Gleichgewicht einer solchen Kleinstfamilie darunter zusammenbrechen.

Beständiger Zeitmangel und finanzielle Schwierigkeiten werden für viele Alleinerziehende zum gewohnten Alltag. Einsamkeit und Hoffnungslosigkeit kommen nicht selten hinzu. Krankheit, psychische Probleme, Gewalt oder Alkohol-, Medikamenten- und Drogenmissbrauch können die Folgen sein.

Was ich an Problemen und Herausforderungen für alleinerziehende Mütter hier noch beschreiben werde, ist im Grunde eine normale Reaktion der Mütter auf eine unnormale Situation, dem Alleinsein mit einem Kind. Behalten Sie dabei immer im Blick, dass diese Reaktionen nicht aus Bösartigkeit oder gar Absicht geschehen. Ihre Ursache ist oft Überforderung, manchmal auch Verzweiflung, und zwar von Erwachsenen wie Kindern. Jungen werden nicht trotzig, weil sie der Mutter zuliebe etwas nicht machen wollen, und Mädchen ziehen sich auch nicht deshalb zurück. Sie alle kommen mit der Situation nicht zurecht, sehen keine anderen Auswege, als auf besondere Weise auf sich aufmerksam zu machen. Ich sehe es daher als gesellschaftliche Bringschuld, alleinerziehende Mütter mit Kindern besonders zu unterstützen.

VIELLEICHT HABEN AUCH SIE SICH SCHON eine oder mehrere der folgenden Fragen gestellt, seit Sie mit Ihrem Nachwuchs allein leben?

▶ Kann ich als Mutter überhaupt für mein Kind und mich sorgen?
▶ Werde ich mit dem Geld auskommen? Wie kann ich endlich genug verdienen?
▶ Wie bekomme ich zeitlich alles unter einen Hut?
▶ Wer hilft mir dabei?
▶ Bin ich eine Rabenmutter, wenn ich ganztags arbeiten gehe?

Angst wird für viele alleinerziehende Mütter zum Dauerbegleiter im Alltag. Doch sie sind mit diesem Gefühl nicht allein. Viele alleinerziehende Mütter finden diese Situation bedrohlich. Das Gute: Es gibt Hilfe.

In Deutschland lebten im Jahr 2015 rund 1,6 Millionen Alleinerziehende, das ist ein Anteil von etwa 20 Prozent. Fast jedes fünfte Kind unter 18 Jahren wächst bei nur einem Elternteil auf, in 85 Prozent der Fälle ist das die Mutter (Statistisches Bundesamt, 2015a). Jedes Jahr kommen 200.000 neue Scheidungs- oder Trennungskinder hinzu. Zwei von drei Heimkindern stammen aus Trennungsfamilien. Die Scheidungszahlen steigen seit Jahrzehnten kontinuierlich an.

Das Armutsrisiko unter alleinerziehenden Müttern ist deutlich erhöht, ein relativ niedriger sozioökonomischer Status ist vielfach belegt. Mehr als die Hälfte dieser Ein-Eltern-Familien hat ein monatliches Nettoeinkommen von weniger als 1300 Euro zur Verfügung, wohingegen nur 6 Prozent der Ehepaare mit Kind(ern) mit so wenig Geld auskommen müssen. Das Armutsrisiko ist in den letzten Jahren sogar gestiegen, trotz der höheren Erwerbsbeteiligung. Diese skandalösen Zustände sind seit Jahrzehnten unverändert und bekannt, geändert hat die Politik daran bislang nichts. Zudem zahlen arbeitende Alleinerziehende nach wie vor hohe Steuern und Sozialabgaben. 46,5 Prozent der Kinder Alleinerziehender leben in Armut. Alleinerziehende Väter sind in der Regel finanziell bessergestellt als alleinerziehende Mütter.

Viele alleinerziehende Mütter verfügen zudem über einen niedrigeren Bildungsabschluss. 70 Prozent der alleinerziehenden Frauen gehen einer Erwerbstätigkeit nach; unter den Müttern mit Kindern, die jünger als drei Jahre sind, sind es 40 Prozent. Alleinerziehende Mütter arbeiten doppelt so häufig in Vollzeit wie ihre verheirateten Pendants und verfügen dennoch über ein wesentlich geringeres Haushaltseinkommen.

Das berufliche Umfeld für alleinerziehende Mütter ist schwierig. Sie werden besonders häufig in Ein-Euro-Jobs und geringfügige Beschäftigungen bis monatlich 450 Euro vermittelt. Aktuell sind in Deutschland fast 40 Prozent aller alleinerziehenden Mütter von Transferzahlungen wie Sozialhilfe oder Arbeitslosengeld II abhängig, bei den verheirateten Müttern sind es nur 7 Prozent.

Etwa die Hälfte aller Alleinerziehenden bekommt außerdem vom anderen Elternteil keine Unterhaltszahlungen für Kinder, und wenn doch, genügt nur etwa die Hälfte dieser Zahlungen dem Mindestanspruch der Düsseldorfer Tabelle.

AM STÄRKSTEN UNTER DER BELASTENDEN SITUATION leiden jene
Familien, in denen es außer der alleinerziehenden Mutter keine
weiteren Bezugspersonen für die Kinder gibt. Häufig ist die Phase
des Alleinerziehens relativ kurz im Leben einer Mutter. Neue
Beziehungen werden geknüpft, Patchwork-Familien entstehen.
Trotzdem ist sie eine Phase, in der großer Druck und viel Angst
herrschen. Zwei oder drei Jahre in einer solchen Situation können
aber schon ein halbes Kinderleben ausmachen.

Die Belastungen für alleinerziehende Mütter sind also vielfältig:
Viele von ihnen leiden unter beruflicher Unzufriedenheit und der
belastenden Familiensituation, sie haben Schwierigkeiten mit der
Kinderbetreuung und erleben soziale Isolation und Einsamkeit.
Es kommt zu Brüchen in der Biografie, Ausbildung und Berufs-
laufbahn stagnieren bisweilen. Die organisatorischen Belastungen,
der aus der Alleinverantwortung im Alltag entstehende stän-
dige Druck, die häufig ärmlichen Wohnbedingungen und nicht
zuletzt der emotionale Stress durch Trennung und den nicht oder
schlecht verarbeiteten Paarkonflikt machen einen großen Teil
alleinerziehender Mütter und Kinder arm und krank.

ÜBERLASTUNG, DIE KRANK MACHT

AUCH WENN EIN TEIL DER ALLEINERZIEHENDEN MÜTTER und ihrer
Kinder gut mit ihrer Lebenssituation zurechtkommt – wenn die
Situation zunehmend als ausweglos empfunden wird, stellen sich
Selbstzweifel ein, die besonders dann die Mutter belasten, wenn
der Konflikt mit dem Expartner weiter vor sich hin schwelt. Dann
kann leicht einmal die Frage auftauchen: »Bin ich an unserer

schlimmen Lage selbst schuld?« Oder: »Ich bin schuld, dass mein Kind seinen Vater vermisst – war das notwendig?«

Solche Gedanken können in eine Depression führen, die bei Alleinerziehenden um ein Vielfaches häufiger auftritt. Die Einsamkeit schlägt wie eine Meereswoge über ihnen zusammen. »Werde ich jetzt für immer allein bleiben? Werde ich je wieder einen neuen Partner finden?«, mag sich so manche Alleinerziehende fragen. Möglicherweise gefolgt von dem Gedankengang: »Wahrscheinlich gelänge mir das eher, wenn ich keine Kinder hätte.« Und dann, zunehmend über sich selbst erschrocken: »Wie kann ich das nur denken!« Aus diesem Gedankenkarussell entstehen neue Schuldgefühle, eine Endlosspirale aus Angst und Niedergeschlagenheit beginnt sich zu drehen.

Erkennen Sie sich wieder, liebe Leserin? Sie dürfen sich entspannen – Gedanken wie die gerade genannten sind eine völlig normale Fantasie, wenn man in einer ausweglosen Lebenssituation festzustecken scheint und auf der Suche nach Rettung ist.

Diese böse anmutenden Gedanken sind nicht böse, sie sind eine normale Reaktion auf eine als unerträglich erlebte Situation. Denn die eingangs genannte Fantasiefigur der ständig alle Bälle in der Luft haltenden und dabei noch fröhlich lachenden alleinerziehenden Super-Mutter ist eine Lüge. Die meisten Mütter haben es sich nicht ausgesucht, ihr Kind allein aufzuziehen. Deshalb ist es normal, sich wegzuträumen und sich dabei Auswege auszumalen, solange die tatsächlich negativen Fantasien (das Kind wegzugeben oder Schlimmeres) nicht ausgelebt werden.

Die sich summierenden Überlastungen im Alltag machen viele alleinerziehende Mütter krank – seelisch und körperlich. Irgendwann ist der Punkt erreicht, der Körper kann nicht mehr und ruft »Stop«. Körperliche oder psychosomatische Beschwerden sind die Folgen. Alleinerziehende leiden Studien zufolge häufiger an zahlreichen chronischen Krankheiten als ihre verheirateten Schwestern. Dazu zählen Bronchitis, Nierenerkrankungen, Leberentzündungen, Migräne, erhöhter Blutdruck oder Übergewicht.

Laut zahlreicher Studien geht es sogar finanziell gutgestellten Alleinerziehenden gesundheitlich deutlich schlechter als Müttern in Paarfamilien.

Durch all die Risikofaktoren, mit denen alleinerziehende Mütter leben (müssen), ist auch ihr Mortalitätsrisiko erhöht, sogar ihr Suizidrisiko steigt.

DIE VERMEINTLICHEN TRÖSTER ALKOHOL UND NIKOTIN

MITUNTER KOMMT ES ZU SELBSTSCHÄDIGENDEM VERHALTEN. In einer Situation von Stress und Überforderung locken Alkohol, Zigaretten oder Medikamente als scheinbare Helfer bei der Entspannung. Aus Studien ist bekannt, dass besonders alleinerziehende Mütter vermehrt zu Zigarette oder Alkohol greifen sowie Medikamente einnehmen. All diese Dinge gaukeln dem Belohnungszentrum im Gehirn vor, nicht einsam zu sein – was natürlich nicht stimmt, nicht stimmen kann. Also am besten Finger weg von Zigaretten und Alkohol!

DEPRESSIONSRISIKO BEI ALLEINERZIEHENDEN

DEPRESSIONEN TRETEN BEI ALLEINERZIEHENDEN zwei- bis dreimal so häufig auf wie bei Müttern in Paarfamilien. Zu den Risikofaktoren dafür zählen wieder Armut und Einsamkeit. Genau diese Faktoren kommen insbesondere bei alleinerziehenden Müttern häufig zusammen. Erhöht wird das Risiko, depressiv zu werden, durch mangelnde soziale Unterstützung, wenn also Freunde und Verwandte fehlen, die alleinerziehende Mütter seelisch, finanziell oder organisatorisch auffangen würden. Wenn niemand mehr da ist, bleibt häufig nur die Depression übrig.

Leidet jemand erst einmal an einer anhaltenden depressiven Beeinträchtigung, ist man auch immer weniger in der Lage, gut für sich selbst zu sorgen. Man achtet weniger auf sich, geht Risiken ein, die man sonst nicht eingehen würde, weil man das Gefühl hat: »Es ist ja sowieso egal, was ich tue.« Das selbstfürsorgliche Gesundheitsverhalten wird immer schwächer, Niedergeschlagenheit macht sich breit, es fehlt an Motivation, irgendetwas zu tun. Gefühle von Hoffnungslosigkeit und Hilflosigkeit stehen im Vordergrund. Gemeinsam mit Schuldgefühlen und Selbstzweifeln sind sie ein hohes Risiko für Gesundheit, Wohlbefinden und Lebensqualität alleinerziehender Mütter.

DEPRESSION IST ANSTECKEND – AUCH FÜR KINDER

DIE ANHALTENDE DEPRESSION DER MUTTER stellt nun auch ein Risiko für ihre Kinder dar: Aus entwicklungspsychologischer Sicht kann sich ein Kind an der Depression der Mutter quasi anstecken – wie an einer sozial vermittelten Infektionskrankheit, weil es sich vermeintlich »schuldig fühlt, dass es Mama schlecht geht«. So hat unsere Düsseldorfer Alleinerziehendenstudie festgestellt, dass bei Depressivität der Mütter Verhaltensauffälligkeiten bei ihren Kindern häufiger auftreten.

Kinder wollen um jeden Preis, dass es Mama und Papa gut geht. Schließlich ist das Kind für sein eigenes Wohlergehen und Überleben darauf angewiesen, dass die Eltern seine Bedürfnisse wie Nahrung oder Sicherheit befriedigen können. Dafür ist ein Kind bereit, vieles in Kauf zu nehmen, auch eine Rollenumkehr, um so die Mutter zu unterstützen. »Wenn es Mama wieder gut geht, wird es auch mir wieder gut gehen«, so der Gedankengang des Kindes. Doch der Preis, den ein Kind dafür bezahlt, ist hoch: Es verzichtet auf die Entwicklung eigener Emotionalität, seiner Identität und auf seine eigene Autonomie. Depressionen oder Burn-out auch beim Kind können die Folge sein. Diese depressive Infektion des mit den Bedürfnissen seiner niedergeschlagenen Mutter identifizierten Kindes wird in dem gruseligen Kinderlied »Hänschenklein« völlig unverstellt nacherzählt. (Vergleichen Sie dazu auch »Was gar nicht hilft« auf Seite 179.)

PSYCHOSOZIALE FOLGEN FÜR KINDER

ZAHLREICHE STUDIEN ZEIGEN DIE ÜBERDURCHSCHNITTLICH hohe psychosoziale und gesundheitliche Belastung für die Kinder alleinerziehender Mütter.

Die Trennung der Eltern kann zwar für ein Kind eine Erleichterung darstellen, wenn die Situation davor sehr belastend war, etwa weil es zwischen Vater und Mutter ständig Streit gab oder das Kind wiederholt Zeuge von Gewalt zwischen den Erwachsenen werden musste oder selber Opfer von Gewalt war. Auch bei anhaltenden Alkoholexzessen und stark eingeschränkten elterlichen Kompetenzen ist eine Trennung der Eltern manchmal wohl die bessere Lösung. Das gilt insbesondere dann, wenn genügend weitere Bezugspersonen zur Verfügung stehen.

Andererseits kann die Trennung einer bislang weitgehend harmonischen Beziehung der Eltern die Entwicklung des Kindes gefährden, insbesondere dann, wenn die Trennung den Konflikt zwischen den Eltern erst auslöst und sie sich darin auf längere Zeit zerreiben. Besonders für kleine Kinder bedeutet diese Erfahrung eine Art Weltuntergang.

Etwa 10 Prozent aller Trennungen verlaufen sogar hochstrittig. Das bedeutet zum Teil jahrelange Auseinandersetzungen um Unterhalt und Umgangs- und Sorgerechtsregelungen. Erbittert wird um das gemeinsame Kind gekämpft oder es sogar als Waffe verwendet. Warum streiten getrennte Eltern aber? Warum wird der Streit der Eltern wichtiger als die Entwicklung des Kindes? Die Gründe dafür sind vielfältig: Ein Elternteil will sich am anderen für die zugefügten narzisstischen Kränkungen rächen, etwa weil der andere einen neuen Partner gefunden hat.

Das Fehlen des einen Elternteils, die chronische Überforderung des anderen, der Stress der Erwachsenen, ihre gesundheitlichen oder psychischen Beeinträchtigungen, ihre Angst, ihr mangelndes Wohlbefinden und eine mögliche Unfähigkeit, auf die emotionalen Bedürfnisse ihrer Kinder einzugehen, wirken sich allesamt auf das Leben der Kinder und ihre Entwicklung aus. Psychische, soziale und gesundheitliche Risiken während des Heranwachsens sind die Folge, wie vielfache Studien belegen.

Die Scheidung der Eltern beeinträchtigt häufig auch die schulischen Leistungen, Problemverhalten kann auftreten ebenso wie Hyperaktivität. Von elterlichen Trennungen betroffene Kinder und Jugendliche neigen zu Depressionen oder anderen psychischen Krankheiten bis hin zu Suizid. Sie haben häufiger ADHS und diverse emotionale Probleme. Je stärker die elterlichen Konflikte und Überforderungen in der Familie sind, desto stärker treten auch die emotionalen Schwierigkeiten des Kindes zutage.

IN DER KINDHEIT ERFAHRENE FAMILIÄRE KONFLIKTE und Trennungen werden von vielen Kindern schuldhaft verarbeitet und können in die Fantasie münden: »Wenn ich nicht da wäre, würden sich alle besser verstehen.« Diese kindliche Größenfantasie kann sich bis hin zum Gefühl des Unerwünschtseins entwickeln und dann auch für eine selbstzerstörerische Lebensweise sorgen: Scheidungskinder rauchen häufiger und nehmen öfter Drogen. Sie greifen zu diesem schädlichen Ersatz, weil ihnen Sicherheit gebende Bezugspersonen oft fehlen und sie das traurige Gefühl haben: »Es ist egal, was ich tue. Niemand wird mich vermissen.«

Hier macht sich das Fehlen von elterlicher Empathie bemerkbar, das mit einer mütterlichen Depression und der Abwesenheit des Vaters einhergehen kann. Depressive Menschen sind oft in ihren zwischenmenschlichen Fähigkeiten beeinträchtigt, haben wenig bis gar kein Interesse an sozialem Austausch mit anderen Menschen. Auch depressive alleinerziehende Mütter verspüren dann manchmal keine Kraft mehr, auf die Bedürfnisse ihres Kindes einzugehen oder mit ihm etwas Angenehmes zu unternehmen. Das hängt damit zusammen, dass depressive Menschen emotional positive Reize wie ein freundliches Gesicht oder ein Lächeln weniger bis gar nicht wahrnehmen. Die Fähigkeit, sich in andere einzufühlen, ist bei depressiven Menschen darüberhinaus eingeschränkt, sie sind vollauf mit sich selbst beschäftigt. Darunter leidet der Umgang mit dem Kind. In der Folge fühlt sich das Kind, als wäre es unerwünscht, und neigt – bewusst oder unbewusst – zu selbstschädigendem Verhalten.

DAS BESONDERE RISIKO
FÜR JUNGEN ODER MÄDCHEN

BESONDERS HOCH IST DAS RISIKO für psychosoziale Schwierigkeiten für Jungen aus chronisch konflikthaften Trennungsfamilien, wenn elterliche Aufsicht und Zuwendung im Alltag fehlen. Gemäß der Düsseldorfer Alleinerziehendenstudie über Schulneulinge zwischen fünf und sechs Jahren treten Verhaltensauffälligkeiten vor allem bei den Jungen auf.

Sie neigen zu Unruhe vor allem, wenn sie ihre Eltern als sehr negativ erleben. Jungen zeigen eher ein externalisierendes Problemverhalten, also ein Verhalten, das sich nach außen hin wendet wie Aggression oder ADHS. Mädchen neigen auch zu Verhaltensauffälligkeiten, dabei legen sie aber vor allem ein internalisierendes Problemverhalten an den Tag, also Verhalten, mit dem sie sich eher selbst schädigen oder sich zurückziehen.

Jungen erleben die Trennungssituation der Eltern schwieriger als Mädchen, denn diese empfangen Urvertrauen, Bindungssicherheit und sexuelle Identität sozusagen aus einer Hand, nämlich durch die Mutter. Anders die Jungen, die auf die Anwesenheit des Vaters angewiesen sind. Sie kämpfen, je stärker ein väterliches Vorbild fehlt, mit der Ausbildung ihrer eigenen männlichen Identität, ganz besonders schwierig wird es für sie, wenn die verletzte oder gekränkte Mutter ihrem Sohn vermittelt, wie schlecht der Vater oder die Männer überhaupt seien. Der Vater fehlt ihnen, um den männlichen Weg in die Welt hinaus und in die Welt ihrer Gefühle sowie einen konstruktiven Umgang mit aggressiven Impulsen zu zeigen.

Hat sich die Mutter vom Vater ihres Kindes unter großem Streit getrennt, kann es zudem passieren, dass der Sohn von ihr Sätze zu hören bekommt wie: »Du bist ja schon fast genauso schlimm wie dein Vater.« Damit wird die männliche Identität entwertet, der Junge kann sich nicht mehr wertgeschätzt erleben und verinnerlicht Abhängigkeit von der Mutter oder von Frauen als etwas potenziell Bedrohliches. Ihm fehlt ein männlicher Identifikationspartner, der ein positives Rollenvorbild sein könnte.

In der Folge neigen Jungen oftmals zu einer angstgetriebenen und übertriebenen Darstellung lärmender Männlichkeit und sie werden zu »kleinen Machos« – wodurch sie neuerlich Ablehnung durch die Mutter erfahren. Oder aber sie werden durch Überanpassung zu einem »kleinen Therapeuten« für die depressive Mutter, ein späteres Muttersöhnchen wächst heran.

Ob »Macho« oder »Therapeut« – beides sind keine erstrebenswerten Rollen für einen heranwachsenden Jungen, unter denen er sich gut entwickeln kann.

SCHEIDEN TUT WEH – AUCH DEN KINDERN

DIE SCHEIDUNG DER ELTERN wirkt sich nicht nur auf die Seele aus, auch das körperliche Wohlbefinden leidet unter Trennung, Streit, Unsicherheit, Angst und ständigem Alltagsstress.

Insbesondere das Fehlen des Vaters macht laut der seit fast 40 Jahren laufenden Mannheimer Kohortenstudie zur Epidemiologie psychosomatischer Erkrankungen krank. Kinder, die ohne Vater aufgewachsen waren, hatten ein zweieinhalbmal so hohes Risiko, psychisch oder psychosomatisch zu erkranken.

Jungen aus Trennungsfamilien sind besonders stark von Übergewicht bis zu Adipositas betroffen (Untersuchung von Hagen und Kurth, 2007). Ihre ganze Lebenssituation fördert ein Verhalten, das dick macht – ungesundes Fastfood ist stets greifbar, für Sport fehlen Geld und Zeit, die Kinder sitzen häufiger vor dem Fernseher.

Zudem zeigen 20 Prozent dieser Jungen Anzeichen hyperaktiven Verhaltens (aber nur 10 Prozent der Jungen aus Zwei-Eltern-Familien). Jungen aus Scheidungsfamilien haben ein vierfaches Risiko, später zu Drogen zu greifen. Besonders Jungen sehen in Drogen oder Alkohol einen vermeintlichen Problemlöser und ein Fluchtmittel aus ihren tristen Lebensumständen.

Weitere Benachteiligungen: Kinder von Alleinerziehenden sind doppelt so häufig nicht geimpft und haben sprachliche Beeinträchtigungen. Asthma oder andere Atemswegserkrankungen treten doppelt so häufig auf, Letztere insbesondere bei den Mädchen.

All dies bleibt auch im Erwachsenenalter nicht ohne Folgen. Kinder aus Trennungsfamilien haben insgesamt eine geringere Lebenserwartung. Gemäß einer US-Studie zu kindheitlich erfahrenen Belastungsfaktoren sterben Kinder aus Trennungsfamilien früher als Kinder aus intakten Elternbeziehungen.

Die Scheidung der Eltern kann sich auch auf Beziehungen der Kinder im Erwachsenenalter auswirken: Trennungskinder trennen sich selbst später auch häufiger von ihren Partnern. Sie haben ein lebenslang erhöhtes Risiko, an Depressionen zu erkranken, insbesondere dann, wenn sie in Armut aufwachsen müssen, wenn die Trennung ihrer Eltern hochstrittig verläuft und wenn die Mütter depressiv waren. Genau diese drei Risikofaktoren beinhalten häufig beeinträchtigte elterliche Kompetenzen.

Zu psychischen und körperlichen Folgen der Scheidung kommt für Kinder außerdem ein erhöhtes Kriminalitätsrisiko hinzu. Kinder aus Patchwork- oder Ein-Eltern-Familien begehen zum Beispiel ungleich öfter Ladendiebstähle. Je früher der Vater die Familie verlässt, umso größer ist dieses Risiko. Und auch hier sind es die fehlenden elterlichen Kompetenzen, die dazu beitragen.

Es ist aber nicht grundsätzlich die Trennung an sich, die die Kinder krank macht oder auffällig werden lässt. Die Ursachen hierfür sind vielmehr in Konflikten und Gewalt in der Familie zu suchen. Beides tritt in Trennungsfamilien aber häufiger auf als in anderen Familien.

ALLEINERZIEHENDE MÜTTER UND IHRE KINDER – DIE SITUATION IN KÜRZE

▶ Prävention ist wichtig!

▶ Lassen wir alleinerziehende Mütter nicht mehr alleine!

▶ Heraus aus Armut, Depression und Einsamkeit – durch finanzielle Unterstützung, soziale Betreuung und psychologische Hilfestellung.

▶ Elternkompetenzen mit Elterntrainings unterstützen, wie etwa mit dem *wir2*-Programm.

▶ Ein soziales Netz (»Clan«) zur Verfügung stellen.

▶ Auch Männer könnten in Vereinen oder als Ersatzväter spezielle Angebote machen.

KAPITEL 2
DIE EMOTIONALE ENTWICKLUNG
DES KINDES

NICHT WORTE SOLLEN WIR LESEN, sondern den Menschen, den wir hinter den Worten fühlen, heißt es beim britischen Schriftsteller Samuel Butler (1835–1902).

Doch in anderen Menschen zu lesen, ihre Gefühle, Stimmungen oder Gemütsbewegungen zu erkennen ist gar nicht so einfach. Auch die eigenen Emotionen zu erkennen und nach außen zu kommunizieren ist nicht so leicht, wie es klingt. Abhängig davon, um welche inneren Regungen es geht, müssen Kinder erst lernen, diese Gefühle in sich selbst oder anderen Menschen zu erkennen, sie zu verstehen und sie dann auch auszudrücken.

Gefühle und wie wir mit ihnen umgehen spielen in der kindlichen Entwicklung eine große Rolle. Auch und gerade als alleinerziehende Mutter ist es wichtig, speziell und einfühlsam auf die Gefühle Ihres Kindes einzugehen, damit sich Ihr Kind gut entwickeln kann.

DAS GANZE LEBEN BESTEHT AUS GEFÜHL

GEFÜHLE SIND EIN PRODUKT der menschlichen Entwicklungsgeschichte. Sie begleiten und bestimmen unser ganzes Leben. Alles, was wir erleben, ist mit Gefühlen verbunden. Sie entscheiden über unser Verhalten, sind ihr Motor und die Basis für unseren Austausch mit anderen Menschen. Gefühle bestimmen unser seelisches Befinden, sie beeinflussen, wie wir leben, was wir tun – oder auch nicht –, und sie beeinflussen sogar unsere Körperfunktionen.

Mit unseren körperlichen, sprachlichen oder mimischen Gefühlsäußerungen zeigen wir unseren Mitmenschen, was wir gerade wünschen, und nehmen umgekehrt wahr, wie es dem anderen geht und was er vielleicht gerade braucht. Ängstigt sich beispielsweise ein Kind, wissen Erwachsene normalerweise sofort, was zu tun ist – sie beruhigen es und geben ihm das Gefühl von Schutz und Sicherheit.

UNSERE GRUNDGEFÜHLE

DIE GEFÜHLE UND AFFEKTE, die unabhängig von unserem bewussten Willen automatisch aktiviert werden, sind die sogenannten Basisaffekte. Aus der Gehirnforschung wissen wir, dass Babys bereits mit fünf solcher Basisaffekte auf die Welt kommen. Sie werden immer dann aktiviert, wenn es wichtig ist, eine Situation rasch und richtig einzuschätzen, um diese erfolgreich zu bewältigen.

Zu diesen angeborenen Basisaffekten zählen Angst, Wut, Ekel, Freude und Trauer; sie treten gleichermaßen in allen Kulturen auf und sind auch ohne Sprachkenntnisse an Mimik und Gestik erkennbar. Wenn wir uns freuen, lächeln wir, das können Kinder schon, bevor sie sprechen. Ekeln wir uns vor etwas, verziehen wir angewidert das Gesicht. Macht die Mutter ein ängstliches Gesicht, signalisiert das auch dem Kind in ihrem Arm ohne Worte: »Wir müssen leise sein und uns verstecken«.

Als »soziale Tiere« mit einem komplizierten Sozialverhalten werden wir Menschen – wie übrigens auch unsere evolutionären Verwandten, die Menschenaffen – in überraschend weitgehender Weise von unseren Affektsystemen gesteuert. Übrigens können entsprechend trainierte Hunde unsere Basisaffekte sehr genau entschlüsseln und passend darauf reagieren, weil sie genau darauf – auf die wortlose Verständigung – über Jahrtausende gezüchtet worden sind. Und wo Signale feinfühlig gelesen, verstanden und angemessen beantwortet werden, da entsteht fast zwangsläufig eine enge Gefühlsbindung und Zusammengehörigkeit. Hunde spüren sehr genau, wie es uns geht und was wir brauchen. Deshalb verstehen sich Kinder oft so gut mit Hunden, oft werden sie zu Ersatz-Beziehungspartnern; auf Palliativstationen begleiten sie einsame Menschen sogar einfühlsam in den Tod. Besonders am Anfang und am Ende unseres Lebens, dann wenn Worte noch nicht oder nicht mehr tragen, sind wir reine Affektwesen.

Alle diese automatisch ablaufenden Basisaffekte sind für unser Überleben essenziell wichtig. Sie ermöglichen uns, das Richtige zu tun, wenn es um eine schnelle Reaktion geht, in der es zu lange dauern würde, Argumente gegeneinander abzuwägen. Biegt beispielsweise ein Auto zu schnell um die Ecke, ist es wesentlich, umgehend zur Seite zu springen. Auf diese Weise erleichtern uns

Basisaffekte das Leben in existenziell bedeutsamen, wiederkehrenden Standardsituationen.

Neben den Basisaffekten verfügen wir Menschen über eine Reihe weiterer, sozialer gelernter Gefühle, die nicht angeboren sind. Mit zunehmendem Alter lernt ein Kind auch diese komplexen Emotionen wie Stolz, Scham, Schuld, Neid und Eifersucht kennen. Es lernt, auch diese Gefühle bei sich selbst oder bei anderen zu erkennen und zu benennen.

DIE FÜNF BASISAFFEKTE UND IHRE VERHALTENSWEISEN

BASISAFFEKTE LÖSEN UNSERE BEREITSCHAFT AUS, etwas Bestimmtes zu tun. Jeder Basisaffekt schafft dafür die Voraussetzungen und setzt die nötigen Handlungen in Gang.

▶ Angst tritt auf, um uns angesichts einer als bedrohlich erkannten Situation – in früherer Zeit etwa eines gefährlichen Tiers oder heutzutage eines heranrasenden Autos – standhalten oder flüchten zu lassen und damit unser Leben zu retten.

▶ Wut löst in uns die Bereitschaft aus, jemanden, der droht, uns anzugreifen, oder auch ein bedrohliches Objekt, das uns schaden könnte, zu zerstören.

▶ Wir spüren Ekel vor giftigen oder verdorbenen Speisen oder giftigen Tieren, die lebensbedrohlich sein könnten, und schützen damit unser Körperinneres.

▶ Freude sorgt dafür, dass wir uns an Menschen (oder Dinge), die für unser Überleben und die Fortpflanzung förderlich sind, annähern, etwa indem wir ihnen die Hand reichen, sie umarmen oder küssen.

▶ Trauer schließlich hilft uns, den Kontakt zu etwas Ersehntem oder Verlorenem wiederherzustellen, etwa indem wir das Grab eines Verstorbenen besuchen oder um Hilfe zu suchen.

Diese Basisaffekte können Kinder sehr früh zeigen, schon innerhalb seiner ersten Lebensmonate kann ein Säugling sie mimisch ausdrücken und den Gesichtsausdruck eines Erwachsenen, etwa ein Lächeln, nachahmen. Kinder haben zunächst jedoch noch keine genauen Vorstellungen vom Innenleben anderer Menschen, sie können daher die Gefühle anderer Menschen noch nicht erkennen, verstehen oder richtig einschätzen. Trotzdem verfügt jeder Basisaffekt über einen eigenen Gedächtnisspeicher, in den emotionale Erfahrungen weit vor der Sprachentwicklung lebenslang eingeschrieben werden. Dieses weitgehend unbewusste Erfahrungsgedächtnis beeinflusst unser Gefühlsleben und den Umgang mit anderen und uns selber auf nachhaltige Weise.

Machen Sie dazu die Übung »Gefühlsthermometer« auf Seite 140.

BASISAFFEKTE DES KINDES WAHRNEHMEN UND RICHTIG REAGIEREN

IST EINER DIESER BASISAFFEKTE erst einmal durch die Wahrnehmung aktiviert worden, laufen im Körper eine ganze Reihe gleichzeitiger Prozesse ab, die von verschiedenen Bereichen im Gehirn gesteuert werden.

Das unbewusste Nervensystem wird aktiv, damit beschleunigt sich der Kreislauf, die Atmung wird schneller, der Verdauungsprozess im Körper verlangsamt sich. Die benötigten Muskeln, um auf das Gefühl reagieren zu können, werden aktiviert. Bei Angst sind das etwa jene, die für eine Flucht oder einen Kampf benötigt werden, bei Freude jene Muskeln, die wir für eine Annäherung an einen anderen Menschen brauchen.

Neben den direkten körperlichen Reaktionen nehmen wir in einer solchen Situation unseren eigenen Körper viel genauer wahr als sonst im Alltag. Auch dies ist eine sinnvolle Reaktion im menschlichen Leben. So kann uns etwa ein mulmiges Gefühl im Bauch auffallen. Das Gehirn bewertet diese Beobachtung und überlegt: Ist diese angstmachende Situation bereits bekannt? Herrscht wirklich Gefahr oder doch nicht, ist Entspannung angesagt? Erst wenn wir ein Gefühl bewusst wahrnehmen, können wir darüber nachdenken, ob die »automatische« Einschätzung richtig ist. All diese Dinge laufen innerhalb von Sekundenbruchteilen ab, ehe wir die Situation bewusst wahrnehmen.

Zusätzlich aktiviert das jeweilige Affektsystem Möglichkeiten, wie wir unseren Gefühlszustand den Mitmenschen mitteilen können, damit sie uns beispielsweise in einer Notsituation helfen. Das geschieht etwa über unseren Gesichtsausdruck, den Klang unserer Stimme, unsere Körperhaltung und unsere Gesten. Haben wir Angst bekommen, zeigt unser Gesicht Furcht, die Stimme kann piepsig werden.

WIE KINDER GEFÜHLE AUSZUDRÜCKEN LERNEN

AUS DER MODERNEN SÄUGLINGSFORSCHUNG wissen wir, dass sich die Fähigkeiten, Gefühle auszudrücken, in den ersten Lebensjahren entwickeln. Dies geschieht im engen Austausch mit der Mutter, dem Vater oder anderen einfühlsamen Bezugspersonen.

Säuglinge und Kleinkinder sind noch weitgehend hilflos und daher davon abhängig, dass ihre Betreuungspersonen ihre Bedürfnisse rechtzeitig wahrnehmen und auf diese Bedürfnisse richtig reagieren. (Vergleichen Sie dazu das Kapitel »Kindliche Bindung und emotionale Sicherheit« ab Seite 71.) Empathische erwachsene Bezugspersonen funktionieren gewissermaßen gesteuert durch die Gefühlssignale (zum Beispiel Mimik, Blick, Klang der Stimme, Körperhaltung und Gestik) ihrer Kinder, als deren »Regulationsprothesen«, indem sie durch feinfühliges Ablesen der kindlichen Affektsignale die dahinterstehenden Bedürfnisse erkennen und dann das für ihre Kinder tun, was diese aufgrund ihrer Unreife noch nicht selber tun können.

Lernen Sie als Mutter zu erkennen, wann sich Ihr Kind unwohl fühlt, wann es Angst hat oder traurig ist. Bemühen Sie sich, dann das Richtige zu tun, um die Bedürfnisse Ihres Kindes zu stillen. Es wird vielleicht noch eine Weile dauern, bis es seine Bedürfnisse auch in Worten artikulieren kann.

Machen Sie es sich daher zur Aufgabe, die Signale Ihres Kindes immer genauer kennenzulernen. Beobachten Sie es, welche kleinen körpersprachlichen Zeichen Ihr Kind Ihnen gibt. Womit deutet es welche Bedürfnisse an?

Lernen Sie Schritt für Schritt zu erkennen, wie Ihrem Kind gerade zumute ist, und gehen Sie einfühlsam darauf ein. Und achten Sie vielleicht auch darauf, ob Ihnen die Wahrnehmung einzelner Gefühle Ihres Kindes selber schwerfällt – möglicherweise, weil Sie selbst als Kind nicht traurig sein durften oder zu viele Ängste ertragen mussten. Wenn sich solche früh gelernten Gefühlshemmungen sehr stark in die Beziehung zu Ihrem Kind einmischen, wird Ihr Kind vielleicht heftig aufdrehen oder Ihnen zuliebe seine Affekte seltener zeigen und damit vielleicht in seiner Entwicklung eingeschränkt. Besonders unter belastenden Lebensumständen können so emotionale blinde Flecken sozial gelernt und weitergegeben werden. Sie sollten dann nicht zögern, sich Beratung oder Hilfe zu holen.

MIT EMPATHIE AUF DIE GEFÜHLE
DES KINDES REAGIEREN

ALS ELTERN WERDEN SIE MIT DER ZEIT und wenn Sie sich bemühen ein immer besseres Verständnis für die Gefühlsäußerungen Ihres Kindes entwickeln. Bei uns Menschen ist dieses Verständnis von Natur aus gegeben. Es wird vertieft durch gemeinsame Aktivitäten und das Zusammensein mit Ihrem Kind, es beginnt schon beim Stillen.

Lernen Sie die Zeichen kennen, die Ihr Kind Ihnen gibt, und erkennen Sie daraus, ob Sie richtig oder falsch handeln.

Durch Interaktion mit dem Kind entsteht bei den Eltern genau das Gefühl, das auch das Kind gerade erlebt. Sie können es Ihrem Kind durch Ihre Mimik zeigen, dass Sie seine Gefühle verstanden haben. Wenn Ihr Kind vor Freude lacht, lachen Sie mit! Es wird sich bestätigt und verstanden fühlen.

Dabei können Sie bei freudigen Gefühlen durchaus übertreiben und noch mehr lachen. Und Sie können leidvolle Gefühle, die das Kind gerade erlebt, durch tröstende oder beruhigende Spiegelung abschwächen. Mit dieser Über- beziehungsweise Untertreibung zeigen Sie Ihrem Kind, dass dieses gespiegelte Gefühl nicht Ihr eigenes Gefühl, sondern das von Ihnen wahrgenommene und verarbeitete Gefühl Ihres Kindes darstellt.

Die Funktion der teilnehmenden Spiegelung von Gefühlen erklärt, warum Säuglinge und Kleinkinder das Gesicht der Mutter und ganz besonders die Augen genau beobachten. Zeigen Sie deshalb Ihrem Kind möglichst oft Ihr einfühlsam zugewandtes Gesicht und achten Sie auf dessen mimische Hinweise. Zuwendung bedeutet im Wortsinn die Zuwendung des Gesichts, um sich im Gesicht des anderen wechselweise als verstanden zu erleben und die Beziehung so zu festigen.

Durch Spiegelung lernt das Kind sich und seine Gefühle immer besser zu verstehen. Kleine Kinder lernen erst anhand dieser Interpretationen ihrer Mutter, wie sie sich selbst gerade fühlen. Das mütterliche Gesicht ermöglicht dem Kind, sich und seine Gefühle wie in einem Seelenspiegel selbst zu erfahren und zu interpretieren.

Kleinkinder lesen aus dem Gesicht der Bezugspersonen, aber auch aus Körperhaltung, Klang ihrer Stimme und weiteren nonverbalen Ausdrucksweisen ab, ob sie verstanden worden sind. In unklaren oder potenziell bedrohlichen Situationen schauen sie immer zuerst in das Gesicht der Eltern, um Sicherheit zu gewinnen. Auf dieses richtig Verstandenwerden reagieren sie mit einem zufriedenen, glücklichen Lächeln oder Beruhigung, wenn sie zuvor aufgeregt und unruhig waren. Diese liebevollen Spiegelungserfahrungen fördern nicht nur die sichere Bindung an die Bezugsperson, sondern sie stellen auch das Fundament einer gesunden Selbstwertentwicklung dar, weil die Bezugsperson für das Kind die ganze Welt repräsentiert: »Ich bin so wichtig für meine Bezugsperson, dass mein Glück Teil ihres Glücks ist. Es ist gut, dass ich da bin.«

Wenn dieser Austausch über einen längeren Zeitraum hinweg immer wieder gut gelingt, kann das Kind seine eigenen Gefühle schließlich auch immer besser ausdrücken, sei es mithilfe seiner Mimik oder mit seinem Verhalten, später auch mit eigenen Worten. Dies ermöglicht ihm auch im späteren Erwachsenenleben, mit sich selbst und seinen Gefühlen verbunden zu sein und tiefe Beziehungen einzugehen und zu leben.

Mit der Spiegelung können Sie als Eltern unlustvolle Gefühle wie Angst, Wut, Trauer oder Ekel begrenzen und abschwächen beziehungsweise lustvoll besetzte Gefühle wie Freude noch verstärken. Sie können Ihrem Kind damit zeigen: »Ich weiß, wie du dich fühlst, ich verstehe dich. Es ist schlimm, was du durchmachst, aber ich weiß, was du brauchst. Ich habe keine Angst, kann aber deine fühlen und ich werde dir helfen und dafür sorgen, dass es dir gleich wieder besser geht!«

Auf diese Weise lernt Ihr Kind immer besser, seine Gefühle konkret auszudrücken und mit ihnen umzugehen. Es kann erkennen, dass es zum Beispiel auch Angst haben kann, dass diese aber vorübergehen wird.

Denken Sie immer daran, das richtige Maß an Zuwendung zu finden und auch Stoppsignale des Kindes zu akzeptieren. Das kann sein, indem das Kind etwa den Kopf wegdreht, sobald es ausreichend getröstet ist. Das ist keine Zurückweisung Ihrer Liebe, sondern ein Zeichen der ermutigenden Wirksamkeit Ihrer Liebe.

BASISAFFEKTE UND BEZIEHUNGEN ZU ANDEREN

WENN ELTERN DIE GEFÜHLE DER KINDER richtig erkennen und die dahinterstehenden Bedürfnisse angemessen befriedigen lernen, nehmen Kinder dies als Zeichen ihrer Fürsorge wahr. Erfährt das Kind hingegen, dass die Erwachsenen es nicht beachten, seine Gefühlsäußerungen und Bedürfnisse nicht wahrnehmen, sie ihm nicht spiegeln oder ihre Gefühle als unwichtig abtun, wirkt sich dies auf Dauer negativ auf sein Selbstwertgefühl und sein Gefühlsleben insgesamt aus. Es kommt schließlich zu dem Schluss: »Meine Gefühle sind nichts wert – sie sind falsch – ich bin falsch.«

Dies beeinflusst die Entwicklung ihrer Persönlichkeit und ihre möglichen Beziehungen zu anderen Menschen. Deshalb ist es so wichtig, dem Kind einen konstruktiven Umgang mit allen seinen

Gefühlen von klein auf zu eröffnen und dies einzuüben. Dies gelingt insbesondere dann, wenn Sie angemessen und zuverlässig auf kindliche Gefühlsäußerungen reagieren beziehungsweise auch Sie selbst mit ihren eigenen Gefühlen konstruktiv umzugehen wissen.

Wenn ein Kind zum Beispiel Angst vor einem ihm bisher unbekannten Besucher zeigt, sich unter dem Tisch versteckt, macht es wenig Sinn, dem Kind zu erklären, es gebe keine Ursache für seine Angst. Stattdessen benötigt es Ihre Sicherheit und Ihr Verständnis für seine Angst.

Häufig ist auch uns Erwachsenen nicht bewusst, welche Gefühle wir gerade empfinden oder zeigen und warum jemand gerade in einer bestimmten, aber nicht nachvollziehbaren Weise emotional auf uns reagiert. Vielleicht sind wir tatsächlich in Gedanken versunken und unser Gesicht wirkt verschlossen oder gar ablehnend. Wir bemerken dies selbst nicht und wundern uns dann, warum andere Menschen unfreundlich auf uns reagieren. Denken Sie auch an diesen Umstand, wenn Ihr Kind gerade in einer für Sie unverständlichen Weise reagiert. Versuchen Sie ein Bewusstsein dafür zu entwickeln wie Ihr Gesicht wohl gerade für Ihr Kind aussieht und ob Sie das so wollen.

SO HELFEN SIE IHREM KIND, EMOTIONAL »SPRECHEN« UND ZUHÖREN ZU LERNEN

DIE EIGENEN AFFEKTE ALS BEWUSSTE GEFÜHLE auszudrücken und sie bei anderen Menschen richtig wahrzunehmen muss ein Kind erst lernen. Es ist für ihr ganzes weiteres Leben wichtig, Kinder von Anfang in der Entwicklung ihrer emotionalen Fähigkeiten zu stärken. Emotionale Kompetenz entwickelt sich am besten in der Interaktion mit den kindlichen Bezugspersonen – am wichtigsten sind hier die Eltern, aber auch liebevolle und zuverlässige Betreuungspersonen können die emotionale Entwicklung von Kindern sehr unterstützen.

EMOTIONALE FÄHIGKEITEN ENTWICKELN SICH POSITIV

▶ durch intensiven Austausch von Gefühlen zwischen Kindern und Eltern/Betreuungspersonen;

▶ durch elterliche Unterstützung in der Wahrnehmung und Benennung der kindlichen Gefühle;

▶ durch Vermittlung der Möglichkeiten, angemessen und zielführend mit Gefühlen umzugehen.

Es ist also wichtig, dass die Erwachsenen die kindlichen Gefühle im Alltag erkennen, sie differenziert einzuordnen vermögen und angemessen darauf reagieren. Dadurch lernen auch die Kinder, ihre unterschiedlichen Affektzustände zu unterscheiden, als bewusste Gefühle zu verstehen, in Worte zu kleiden und sozial angemessen mit ihnen umzugehen. Es lernt so zum Beispiel mit der Zeit, wie es sich selbst bei Angst beruhigen kann oder mit seiner Wut umgehen kann, ohne etwas zu zerstören.

Eltern sollten die Äußerungen kindlicher Gefühle im Alltag aufmerksam beobachten, um sie immer besser einordnen und darauf reagieren zu können. Was tut Ihr Kind, wenn es Angst hat? Zeigt es seine Furcht offen? Verbirgt es vielleicht seine Traurigkeit? Was ist im Fall von Wut, wie verhält sich Ihr Kind dabei?

ES GIBT AUCH VERHALTENSWEISEN, mit denen Sie Ihr Kind in seiner emotionalen Entwicklung behindern. Dies geschieht,

▶ wenn Sie versuchen, die das Kind belastenden Gefühle zu beenden, ohne dass sie verarbeitet werden;
▶ wenn Sie Gefühle Ihres Kindes, wie etwa Ärger, bestrafen, verleugnen oder ignorieren;
▶ wenn Sie Ihr Kind von der Wahrnehmung seiner (oder Ihnen) unangenehmen Gefühle ablenken, etwa durch Naschereien oder Spielzeuggeschenke;
▶ wenn Sie Ihrem Kind nicht helfen, das einem Gefühl zugrunde liegende Problem zu benennen und zu lösen.

Ein Familienklima, in dem alle oder bestimmte Gefühle nicht ausgesprochen oder ausgelebt werden dürfen, hindert Ihr Kind an seiner Entwicklung und an der Wahrnehmung seiner Emotionen. Eine niedrige Toleranzschwelle für als unlustvoll wahrgenommene Gefühle wie Wut oder Angst wird die emotionale Entwicklung Ihres Kindes nicht eben fördern. Vielmehr wird es dann seine belastenden Gefühle ignorieren oder verdrängen und nicht lernen, sozial angemessene Verhaltensweisen für seine Wut zu entwickeln. Es lernt anhand solcher in der Familie herrschender Einstellungen, dass manche Gefühle offenbar nicht in Ordnung sind, und zieht den Schluss: »Ich bin nicht in Ordnung.« Der Eindruck, der sich so verfestigt: »Wenn ich Probleme gar nicht erst ausspreche und meine Gefühle unterdrücke und verberge, gibt es weniger Ärger oder Streit mit den Eltern.« Dies kann später dazu führen, dass das Kind sich von sich selbst und seinen Gefühlen entfremdet und womöglich Beziehungsstörungen entwickelt. Helfen Sie Ihrem Kind also dabei, alle seine Gefühle zu erkennen, zu benennen und zu erleben, dass seine Gefühle wichtige Hinweise für gemeinsame Lösungen geben können. Dabei ist auch wichtig, dass sich hinter einem Wutanfall auch Trauer oder Angst verbergen kann. Und vor allem: Sie sind mit Ihrem Verhalten im Umgang mit Gefühlen das wichtigste Vorbild für Ihr Kind.

Aktivierte Affektsysteme, die später nicht bewusst als Gefühle wahrgenommen werden können, können unverarbeitet chronifizieren und dann zu körperlichen Stresssymptomen oder chronischen Schmerzen beitragen. Eine unterdrückte Wut oder eine unbewältigte Trauer kann zu Angsterkrankungen oder Depressionen führen. Deshalb ist es so wichtig, Kinder – Mädchen und Jungen – von Anfang an dabei zu unterstützen, Zugang zu ihren Gefühlen zu finden. Dann können sie sich etwa im dritten Lebensjahr sprachlich in ihren Gefühlen ausdrücken (»Affektsymbolisierung«) und etwa im Alter von sechs Jahren auch in die Gefühlswelt anderer einfühlen (»Mentalisierung«). Das alles macht das Leben sehr viel einfacher.

UNANGENEHME GEFÜHLE LIEBER LOSWERDEN?

NEBEN ANGENEHMEN GEFÜHLEN WIE FREUDE, Liebe oder Stolz gibt es die als unangenehm empfundenen Gefühle, denen die meisten Menschen am liebsten aus dem Weg gehen würden. Schließlich fühlen wir uns schlecht, wenn wir Angst haben, traurig oder zornig sind. Eltern wollen ihren Kindern solche unangenehmen Gefühle am liebsten ersparen, schließlich wissen sie selbst, wie schlecht man sich dabei fühlen kann. Trotzdem sind auch diese Gefühle wichtig.

Gerade in einer Trennungssituation kommt es auch bei Kindern häufig zu Gefühlen von Angst, Trauer und Wut. Wahrscheinlich belastet es auch Sie, Ihren Nachwuchs in dieser schwierigen Situation darunter leiden zu sehen, und Sie fühlen sich hilflos, Ihrem Kind diese Gefühle nicht abnehmen zu können.

Doch die Vermeidung und Ablehnung solcher Gefühle wäre der falsche Weg. Auch Angst, Trauer und Wut gehören zum Leben. Die Natur entwickelt keine sinnlosen Affekte. Alle Emotionen sind in Ordnung, so wie sie sind, jedes Gefühl darf auftreten, jedes Gefühl hat seinen Sinn im Leben. Angst kann uns zur nötigen Vorsicht ermahnen, Wut kann helfen, eine unerträgliche Situation zu ändern oder anderen Menschen Grenzen zu setzen. Wenn wir uns trauen, alle Gefühle zu erleben und ihnen Raum zu geben, trägt dies zu einem intensiveren Lebensgefühl bei. Auch deshalb ist es wichtig, Gefühle nicht zu verdrängen.

Auch wenn Ihr Kind ängstlich ist, ist es wichtig, darauf einzugehen. Das Kind erwartet Schutz vor möglichen Bedrohungen oder Hilfe bei Gefahr, seien diese Gefahren nun real oder auch nicht.

SO GEHEN SIE AM BESTEN MIT UNANGENEHMEN GEFÜHLEN UM

VIELE MENSCHEN EMPFINDEN UNANGENEHME GEFÜHLE als belastend. Sie werden daher von vielen Menschen verdrängt; wir neigen dazu, sie zu vermeiden oder ihre Existenz zu verleugnen. Wir trösten uns mit einfachen aber manchmal auch mit krankmachenden Mitteln darüber hinweg, um uns abzulenken.

Doch auch diese Gefühle üben wichtige Signal-, Warn- oder Überlebensfunktionen aus. Deshalb sollten wir sie ernst nehmen.

Für Eltern kann es schwierig oder gar bedrückend sein, ihr Kind traurig oder ängstlich zu erleben. Möglicherweise haben Sie auch selbst Schwierigkeiten, solche Gefühle bei sich zuzulassen und auszuleben.

Umso schwerer fällt es Ihnen deswegen, dieselben Gefühle bei Ihren Kindern zu beobachten, angemessen mit ihnen umzugehen und Ihren Nachwuchs dabei zu unterstützen, sinnvoll mit diesen Gefühlen umzugehen.

Viele Eltern vermitteln dann weiter, was sie selbst im Umgang mit Angst, Wut oder Trauer gelernt haben: »Reiß dich zusammen«, heißt es dann oder »Das ist doch nicht so schlimm« und dergleichen mehr. Aber das führt zu keinem konstruktiven Umgang mit unangenehmen Gefühlen.

KONSTRUKTIV MIT KINDLICHER ANGST UMGEHEN

ES LIEGT IN DER NATUR DER DINGE, dass Kinder ständig mit Neuem konfrontiert werden. Sie lernen und erobern Schritt für Schritt ihre Welt, immer ein Stück mehr. Dabei kann manch neue Aufgabe oder Herausforderung auch einmal zu groß erscheinen oder tatsächlich gefährlich sein.

Kinder können Angst haben, hinzufallen oder im Wasser unterzugehen, Angst vor unbekannten Tieren oder vor der Dunkelheit haben und so manches mehr.

Bestimmte Ängste – wie zum Beispiel das Fremdeln oder die Achtmonatsangst oder Trennungsangst-/Wut-Anfälle während der Wiederannäherungskrise im Alter von 18 bis 24 Monaten oder die Ängste fünfjähriger Jungen um die Integrität ihres Genitales – sind in bestimmten Altersstufen normal. Sie stellen erst dann ein Problem dar, wenn sie zu große Bedeutung im Alltag des Kindes einnehmen und es in seinem täglichen Leben einschränken. Werden Kinder von einer angstmachenden Situation überrascht, zum Beispiel weil sie eine Situation falsch eingeschätzt haben, suchen sie Unterstützung bei den Erwachsenen, meistens den Eltern.

Als Erwachsene gehen wir mit unseren Ängsten völlig anders um als Kinder. Wir sind in der Lage, einzuschätzen, ob unsere Angst begründet oder übertrieben ist. Wir tun dies mit dem Verstand, wir können aufgrund unserer Erfahrungen und unseres Wissens abwägen und dann entscheiden.

Anders bei Kindern: In ihrer Art zu denken haben auch vermeintlich irrationale Ängste und Fantasien Platz, Geister unter dem Bett erscheinen möglich (hier hilft übrigens der zum Geistersauger umfunktionierte Staubsauger durchaus einmal, besonders wenn Sie beim Wegsaugen des Gespenstes Verständnis für die Ängste Ihres Kindes zeigen und Ihnen der eigentliche Hintergrund seiner Ängste bewusst ist). Für Ihr Kind hat also die Angst einen Grund, der für sie selbst real ist. Seine bildhaften Fantasien (Monster, Gespenster) sind kindliche Mitteilungsversuche, welche die Angstursache symbolisch benennen, nicht selten auch um die Eltern zu schonen, zum Beispiel wenn sie durch ihren Streit die Ängste des Kindes mitverursacht haben. Bedenken Sie dies als Erwachsene, auch wenn der Auslöser der kindlichen Angst für Sie undurchsichtig oder unlogisch erscheint. Vielleicht denken Sie selbst einmal an Ihre Kindheit und daran, welch seltsame Ängste Sie damals hatten!

ANGST IN TRENNUNGSSITUATIONEN

VIELE KINDER REAGIEREN AUF DIE TRENNUNG ihrer Eltern mit Verhaltensauffälligkeiten, die bei näherem Betrachten Ausdruck von Verlustängsten sind. Mit der Trennung der Eltern vermissen sie einen für ihr Leben und ihr Selbstwertgefühl wichtigen Menschen. Und die Sicherheit, dass sich dies nicht wiederholt, haben sie nicht … »Was, wenn noch ein liebgewonnener Mensch aus meinem Leben ›verschwindet‹? Bin ich vielleicht schuld, dass sich die Eltern getrennt haben?«

Auch wenn Ihr Kind nun vielleicht aggressiv wird und bisher ungewohnte Verhaltensweisen an den Tag legt, denken Sie daran: Es ist nicht böse auf Sie, es macht vieles, weil es sich in dieser Situation unsicher fühlt. Es will lediglich seine feinfühlige Bezugsperson wieder zurückhaben. Es will Sie nicht persönlich angreifen. Das kann Ihnen vielleicht so vorkommen, weil Sie sich selber mit Schuldgefühlen von innen angreifen. Alles ändert sich plötzlich auch für Ihr Kind, vermeintliche Sicherheiten gelten nichts mehr. Ein Elternteil fehlt plötzlich, der Wohnort hat sich womöglich geändert, das Kind muss in eine andere Schule gehen, neue Freundschaften erst einmal schließen. Es fühlt sich der Situation hilflos ausgeliefert, ohne die Entscheidungen der Erwachsenen beeinflussen zu können, und ist ihr nicht wirklich gewachsen.

Darauf kann Ihr Kind mit Wut reagieren, Wut auf seine eigene Hilflosigkeit, Wut auf das, was geschehen ist durch die elterliche Trennung. Auch das kann ein Anzeichen von Ängsten sein.

Denken Sie dabei aber immer daran: Seine Wut richtet sich nicht gegen Sie, sondern gegen jene Seiten Ihrer Beziehung zu Ihrem Kind, die es nicht mag, mit denen es gerade nicht umgehen kann, die es verletzen oder hilflos machen. Wenn ein Streit ausbricht oder Sie ihm gerade keine Aufmerksamkeit schenken (können), mag das bei Ihrem Kind Wut auslösen oder auch seinen Rückzug. Trotzdem sind und bleiben Sie als Eltern die geliebten und wichtigsten Menschen für Ihr Kind.

Jedes Kind geht mit seiner Angst anders um. Manch einem sieht man die Angst an, ein anderes verbirgt Verunsicherung und Angst vor anderen Menschen, auch den Eltern. Typische kindliche Strategien, ihre Angst bei der Trennung der Eltern nicht zu zeigen oder vermeintlich nicht zu erleben, sind:

▶ Sie beschönigen die angstauslösende Situation der Trennung und geben vor, froh über die Abwesenheit des anderen Elternteils zu sein, weil sie denken, dieser habe den Streit ausgelöst. Mitunter spüren die Kinder, dass der bei ihnen verbliebene Elternteil froh wäre, wenn sie den Kontakt zum anderen Elternteil einstellen würden. Sie verzichten aus Liebe zum bedürftigen Elternteil trotz ihrer möglichen Sehnsucht auf den Kontakt zum anderen, geben kaum mehr zu, dass sie den anderen Elternteil auch gern treffen würden. Oder aber sie sagen, sie möchten ihn gar nicht treffen, und geben dafür die unterschiedlichsten Gründe an.

▶ Das Kind tut so, als hätten sich die Eltern nicht getrennt oder als wäre ihm dieser Umstand nicht aufgefallen. Mitunter erwähnen sie den abwesenden Elternteil gar nicht mehr, ganz so, als gäbe es ihn gar nicht. Oder sie versuchen mit kleinen Andeutungen oder im Spiel die Eltern wieder zusammenzubringen.

▶ Wenn Kinder bemerken, dass es dem verbliebenen Elternteil nicht gut geht, wollen sie mitunter diesem Erwachsenen zur Seite stehen und ihm Trost spenden. Sie stellen eigene Bedürfnisse zurück und wirken wie besonders brave Kinder, wollen niemandem zur Last fallen. Hintergrund ist ihr Gedanke »Mama geht es schon schlecht, sie soll sich nicht auch noch um mich Sorgen machen müssen«. Dieser Wechsel des Kindes in die emotional versorgende Elternrolle – Psychologen bezeichnen ihn als »Parentifizierung« – stellt eine Umkehr der elterlichen Spiegelungsfunktion dar und überfordert jedes Kind nach kurzer Zeit.

Trotz all dieser kindlichen Reaktionsversuche bahnt sich die Angst letztlich ihren Weg. Sie kann mitunter in völlig anderen Lebensbereichen zutage treten und dort zu einem Problem werden. Achten Sie auf Anzeichen, ob Ihr Kind zum Beispiel Angst im Dunkeln hat oder davor, allein einzuschlafen. Auch wenn sich Ihr Kind vor dem Kontakt mit unbekannten Menschen fürchtet, sollten Sie hellhörig werden. Hat Ihr Sohn vielleicht Schwierigkeiten, sich zu konzentrieren oder kommt es zu impulsiven Ausbrüchen? Klammert Ihre Tochter neuerdings mehr als bisher? Werden Ihre Kinder häufig durch Albträume wach? Stellt sich ein auffälliges Essverhalten ein? Hinter all dem kann sich in Scheidungsfamilien die Angst vor Trennung und dem Verlust geliebter Menschen verstecken.

Auch Phasen, in denen das Kind den Eindruck hat, Sie seien geistesabwesend, können es durcheinanderbringen und ängstigen. Sie sind vielleicht niedergeschlagen und sehr mit sich selbst beschäftigt, also zwar körperlich anwesend – aus Sicht Ihres Kindes sind Sie jedoch irgendwie nicht wirklich da. Es spürt Ihre emotionale Abwesenheit an der ausbleibenden Resonanz auf seine Gefühlssignale und wird vielleicht unruhig oder angespannt. Achten Sie dann darauf, Ihrem Kind Geborgenheit zu vermitteln, wenden Sie Ihr Gesicht zu, geben Sie tröstenden Körperkontakt und erklären Sie ihm mit ruhiger Stimme in einfachen Worten, dass auch Sie manchmal traurig sind, dass das auch wieder aufhört und dass Ihr Kind nicht schuld daran ist.

VIELE ELTERN NEIGEN DAZU, DIE KINDLICHEN ÄNGSTE kleinzureden. Doch wie in so vielen Bereichen ist eine einfühlsame Haltung gegenüber Ihrem Kind die beste Hilfe. Wenn Ihr Kind in Ihrem Bett schlafen möchte, weil es sich allein fürchtet, helfen rationale Erklärungen (»Da ist kein Geist, das bildest du dir ein«) wenig. Viel besser helfen folgende Strategien:

▶ Die Angst annehmen: Die Angst Ihres Kindes ist da. Sie ist weder richtig oder falsch. Um ihm die Angst zu nehmen, müssen Sie sie zuerst annehmen. Es ist also besser, die Angst Ihres Kindes zu akzeptieren. Kein Kind hat gern Angst. Es mag den Grund für seine Angst nicht benennen, die Ursachen nicht einschätzen können – die Angst ist aber da. Sprechen Sie es also verständnisvoll aus, auch wenn Ihnen eigene Schuldgefühle das vielleicht erschweren. Nehmen Sie Ihr Kind dazu schützend in den Arm und vermitteln Sie so Sicherheit und Geborgenheit. Zeigen Sie Verständnis und Akzeptanz, indem Sie Ihrem Kind zum Beispiel erzählen, dass es ganz richtig ist, in schwierigen Situationen Angst zu haben, und dass Sie es immer beschützen werden, egal was kommt.

▶ Die Gründe klären: Ängste sind häufig diffus. Irgendetwas macht Angst ... aber was genau? Bemühen Sie sich, durch Nachfragen herauszufinden, was die Angst Ihres Kindes ausgelöst hat: »Was sagt die Angst denn?« Formulieren Sie die Angst Ihres Kindes neu in Ihren eigenen Worten und fragen Sie, ob Sie es so richtig verstanden haben. Machen Sie die Angst konkret: »Du hast Angst vor dem neuen Kindergarten, stimmt das?« Identifizieren Sie die Angst Ihres Kindes auf diese Weise. Geben Sie Ihrem Kind damit behutsam die Möglichkeit, seine Angst nicht zu vermeiden, sondern sie zu benennen, sie genauer kennenzulernen. Zum neuen Kindergarten können Sie fragen: »Was genau macht dir denn da Angst?« Ist es vielleicht die Zeit, die das Kind ohne Sie verbringen soll? Dann können Sie erklären, wie lange es dort bleiben soll, wann Sie es wieder abholen werden oder welche Trostgegenstände es mitnehmen könnte.

▶ Begleiten: Um mit der Angst als Wegweiser umgehen zu lernen, brauchen Kinder Begleitung, Vorbild und Verständnis ihrer Eltern. Manchmal genügen Gespräche und Erklärungen, manchmal sind körperliche Aktivitäten sinnvoll. Oft hilft die Technik der Gewöhnung an eine angstmachende Situation. So kann Ihr Kind schrittweise lernen, seine Angst zu überwinden. Fürchtet es sich vor dem neuen Kindergarten, können Sie zum Beispiel den Ort schon vorab gemeinsam aufsuchen.

▶ Vertrauen: »Du kannst das – und ich helfe dir, wenn es nötig ist!« Das Vertrauen der Eltern in die Fähigkeiten des Kindes bestärkt es dabei, eine Herausforderung anzunehmen und zu bestehen, solange es sich nicht um eine altersunangemessene Überforderung des Kindes handelt. Eltern können dieses Selbstvertrauen stärken, indem sie ihnen Erfolgserlebnisse ermöglichen, auch auf Gebieten, die nichts mit der akuten Angst zu tun haben. Rollenspiele, bei denen Eltern beispielsweise die Angst in Person oder mit Spielfiguren darstellen und sich vom Kind besiegen lassen, geben dem Kind die Chance, sein eigenes Können zu testen und seine Fähigkeiten weiterzuentwickeln.

Auch weitere Bezugspersonen, die Ihrem Kind wichtig sind, können helfen, seine Ängste vor dem Verlust wichtiger Menschen kleinzuhalten. Durch regelmäßige Treffen mit Großeltern, Onkeln, Tanten oder guten Freunden der Familie fühlt sich das Kind von vielen Menschen umsorgt. Die Abwesenheit eines Einzelnen wirkt dann weniger schlimm, es fühlt sich weniger unsicher oder gar hilflos.

ERLEBT DAS KIND, dass seine Versuche, seine Angst mit den im vorigen Abschnitt genannten Möglichkeiten zu bewältigen, nirgendwohin führen, können zu seiner Trennungsangst Gefühle von Wut und Trauer kommen. Diese sind Ausdruck seiner Überforderung mit der Situation. Das Kind kann seine Angst einfach nicht mehr allein bewältigen.

Wut und Trauer kommen bei Mädchen und Jungen vor. Jungen neigen eher zu wütenden Reaktionen, sie verhalten sich mitunter zerstörerisch. Mädchen wirken häufiger traurig, still und niedergeschlagen. Sie ziehen sich zurück, weichen dem Blick anderer Menschen aus und haben weniger Kontakt zu anderen Menschen.

Zudem geht die Traurigkeit oft mit Verhaltensweisen einher, mit denen Kinder sich eine rasche Stimmungsaufhellung erhoffen: Sie essen etwas Süßes oder verfallen in Verhaltensweisen, zu denen eher jüngere Kinder auf der Suche nach kompetenten Bezugspersonen neigen, wie Daumenlutschen oder Bettnässen.

GEBEN SIE IHREM KIND AUCH IN DIESER SCHWIERIGEN SITUATION zu verstehen, dass Sie seine Gefühle erkennen und akzeptieren. Führen Sie ein Gespräch zu dem Thema, indem Sie Ihren Eindruck von der Situation artikulieren. Sie können etwa fragen: »Ich glaube, du bist jetzt traurig/wütend, stimmt das?« Darauf aufbauend können Sie in einfachen Worten ein Gespräch darüber führen, in dem sie dem entsprechenden Gefühl und seiner Ursache vorsichtig und freundlich rückzugsbereit auf den Grund gehen und mögliche Lösungen suchen oder aufzeigen.

Die Bestätigung seiner Gefühle ist für das Kind gerade jetzt besonders wichtig, damit es seine Gefühle und deren Äußerung und damit auch sich selber als sinnvoll erleben kann. So erfährt es, dass es auch unangenehme Gefühle zeigen darf und dass ihm das hilft. Es tut Kindern sehr gut, wenn auch diese Gefühle akzeptiert werden.

Wenn Sie hingegen unlustvolle Gefühle Ihres Kindes lieber übergehen, dem Ausdruck von Traurigkeit oder Angst mit betonter Fröhlichkeit oder Verboten begegnen, kann das Ihr Kind verwirren. Es lernt daraus, dass die Äußerung von Traurigkeit oder Wut nicht erwünscht ist, dass man dieses Gefühl nicht zulassen darf, sondern dem sofort gegensteuern muss: Gefühle sind dazu da, sie nicht zu zeigen. Damit kann es den Zugang zu einem wichtigen Teil seiner selbst verlieren und später als Erwachsener in wichtigen Beziehungen vielleicht nicht fühlen oder mitfühlen. Dann weinen Erwachsene später vor Rührung beim Ansehen kitschiger Kinofilme, ohne ihre eigene Trauer spüren zu können. Und: Eine unvollständige Wahrnehmung eigener Affekte in Form von Gefühlen macht auf die Dauer krank. Also: Auch diese Gefühle sollen zugelassen und gezeigt werden, denn auch sie haben Rederecht im Parlament der Gefühle.

WENN EIN KIND TRAUERT

WIR ALLE ERLEBTEN ALS KINDER IMMER WIEDER ANLÄSSE, über die wir traurig waren. Für alle Kinder gibt es Momente, wo sie loslassen müssen – beim Abstillen, bei der Verselbstständigung, beim Abschied von einer geliebten Lehrerin, beim Übertritt in eine neue Schule oder wenn ein guter Freund in eine andere Stadt zieht. Das sind ganz normale Phasen von Abschied und einer damit einhergehenden Traurigkeit.

Doch was, wenn Ihr Kind über längere Zeit traurig wirkt? Müssen Sie sich Sorgen machen? Gerade wenn es Eltern selbst nicht so gut geht, kann sie die Traurigkeit Ihres Kindes besonders belasten. Da mag es vielleicht naheliegen, darüber hinwegzugehen und das Kind mit kleinen (oder größeren) Geschenken oder Aufmerksamkeiten fröhlicher zu stimmen. Doch auch Trauer oder Traurigkeit Ihres Kindes verdienen Aufmerksamkeit. Zeigen Sie Ihrem Kind, dass Sie auch solche Gefühlsmomente erkennen und akzeptieren. Sprechen Sie über die Umstände. Über die Anlässe, traurig zu sein, reden zu können spricht für eine innige Beziehung zwischen Ihnen und Ihrem Kind. Machen Sie klar, dass Ihr Kind immer zu Ihnen kommen kann, wenn es traurig ist. Und halten Sie sich zurück, was die Mitteilung eigener Traurigkeit angeht.

Kinder wollen aus Treue und Liebe zu Ihren Eltern oft unter großem Aufwand Ihren Kummer vor den Erwachsenen verbergen, insbesondere, wenn sie ihre Eltern in einer ohnehin schwierigen Situation nicht weiter belasten und in Sorge versetzen wollen.

WAS IM UMGANG MIT KINDLICHER WUT HILFT

SICHER, DIE MEISTEN ELTERN WÜRDEN SICH LIEBER FRIEDLICHE und freundliche Kinder wünschen. Doch auch Wut gehört zum Leben, sie hilft zum Beispiel, in bedrohlichen Situationen zu überleben und sich wenn nötig zu wehren. Selbstbewusstsein und Durchsetzungsvermögen können nur entstehen, wenn Kinder auch einmal wütend und trotzig sein dürfen.

Manches Mal ist die Wut auch Ausdruck ganz anderer Gefühle: Nämlich der Angst und Hilflosigkeit des Kindes angesichts einer schwierigen Situation, mit der es gar nicht umzugehen weiß. Tobt

Ihr Kind gerade durch die Wohnung, ist es kaum vorstellbar, dass auch dies aus Hilflosigkeit und Angst geschehen kann.

SO KÖNNEN SIE MIT KINDLICHER TRAUER BESSER UMGEHEN

▶ Traurigkeit und Verlust wahrnehmen und benennen: Nehmen Sie auch diese Gefühle bei Ihrem Kind ernst und akzeptieren Sie auch diese, statt es mit einem kleinen Geschenk, Süßigkeiten oder Fernsehen zu trösten und abzulenken. Ohne eine verständnisvolle Bestätigung, ein Gespräch über den Anlass für Trauer und Verlust werden diese kleinen Aufmerksamkeiten wirkungslos bleiben. Ihr Kind kann dann nicht konstruktiv mit diesen unangenehmen Gefühlen umgehen. Das Gefühl wird nur von der Oberfläche verdrängt, ist aber als aktivierter Affekt weiterhin vorhanden. Es ist nur eben nicht mehr so leicht sichtbar.

▶ Lassen Sie Ihrem Kind Zeit dafür, seinen Gefühlen freien Lauf zu lassen und auch zu weinen. Helfen Sie bei der Benennung des Gefühls, zum Beispiel durch ein Spiel, etwa »Die Puppe ist jetzt traurig, richtig?«

▶ Verständnis zeigen: Zeigen Sie Ihr Verständnis für die Traurigkeit Ihres Kindes und dass Sie seine Gefühle ernst nehmen: »Ich wäre auch traurig, wenn ... Es ist in Ordnung, wenn du weinst.«

▶ Trost spenden: Ihr Kind soll spüren, dass Sie es bei der Bewältigung seiner Traurigkeit unterstützen werden. Zeigen Sie ihm Möglichkeiten auf, wie es über das Gefühl hinwegkommen kann, etwa indem Sie gemeinsam etwas unternehmen. Zeigen Sie ihm, dass Trauer nach Verlusten oder Trennungen bei der Hilfesuche hilft.

▶ Akzeptanz: Auch die Wut Ihres Kindes hat ihren Grund und ihre Berechtigung. Akzeptieren Sie dieses Gefühl Ihres Kindes, doch Vorsicht: Akzeptanz bedeutet nicht automatisch, dass Sie als Eltern sich alles gefallen lassen müssen. Akzeptanz bedeutet nicht, dass Sie sich von Ihrem Kind körperlich attackieren lassen müssen. Alle Gefühle sind erlaubt – auch die Wut, alle Handlungen aber nicht.

Setzen Sie Ihrem Kind deshalb Grenzen und zeigen Sie ihm statt-dessen, wie es für seine Wut ein akzeptiertes Ventil findet, mit dem es niemandem wehtut. Auch die Wut hat Grenzen.

▶ Annehmen: Vermitteln Sie Ihrem Kind: Es darf alle Gefühle haben, alle Gefühle sind in Ordnung und »normal«, auch Wut. Machen Sie Ihrem Kind begreiflich: »Deine Wut ist erlaubt, aber es ist nicht in Ordnung, dass du Menschen schlägst oder deshalb Dinge kaputtmachst.«

▶ Grenzen setzen: Wenn die Wut Ihres Kindes in zerstörerische Gewalt umschlägt, sind Grenzen oberstes Gebot. Droht Gefahr, dass Ihr Kind, Sie oder andere Menschen oder Dinge zu Schaden kommen, müssen Sie dies sofort und unmissverständlich unterbinden.

Sagen Sie deutlich: »Ich will nicht, dass du das tust!« Zeigen Sie klar, auch mit Ihrer Körpersprache und fester, deutlicher Stimme und ernstem Gesicht, wie wichtig Ihnen diese Botschaft an Ihr Kind ist. Vermeiden Sie es aber, Ihr Kind hierbei anzuschreien oder zu beschimpfen.

Erklären Sie möglichst bald nach diesem Vorfall, warum Sie auf diese Weise eingeschritten sind: Dass Sie nämlich gut auf Ihr Kind und alle anderen wichtigen Menschen achten, damit niemand zu Schaden kommt.

▶ Zeit geben: Wut ist ein starkes Gefühl. Sie braucht Zeit, um sich abzu-kühlen. Erst dann kann man sinnvoll über die Wut sprechen. Geben Sie Ihrem Kind die nötige Zeit, sich zu beruhigen. Stellen Sie im Moment heftiger Wut sicher, dass niemand Schaden davonträgt und sich keine zerstörerischen Verhaltensweisen bei Ihrem Kind verstärken.

▶ Beziehungsangebot: Sobald sich die unmittelbare Wut gelegt hat, sollten Sie mit Ihrem Kind über den Vorfall sprechen und die Ursachen klären. Zeigen Sie Ihrem Kind dabei, dass Sie sich Zeit nehmen, um in Ruhe und vielleicht sogar verständnisvoll über die wutauslösenden

Dinge zu sprechen. Sie können ein Spiel zusammen spielen, oder etwas anderes tun, das Ihr Kind gern tut. Zeigen Sie, dass es sich auch dann auf Sie verlassen kann, wenn es sich danebenbenommen hat.

Wut als Ausdruck von Angst wird nicht durch Strafen behoben. Strafende Konsequenzen verstärken nur die Unsicherheit Ihres Kindes. Es wird in seiner Annahme bestärkt, Sie als wichtige Bezugsperson zur Verzweiflung gebracht zu haben. Das verstärkt wiederum die Angst Ihres Kindes, Sie womöglich auch zu verlieren. Unterbrechen Sie diesen Teufelskreis, indem Sie ein klärendes Gespräch führen.

DIESES GESPRÄCH KÖNNTE ZUM BEISPIEL SO ABLAUFEN:

▶ Fragen Sie Ihr Kind, was es so wütend gemacht hat. Machen Sie deutlich, dass Sie darüber sprechen wollen, dass Sie die Sache klären wollen und gemeinsam nach einer Lösung suchen werden. Zeigen Sie Ihrem Kind unbedingt, dass Sie für es da sind – auch wenn es wütend und unfreundlich ist (war). Die eigene Wut erkennen: Auch Erwachsene können wütend sein, also auch Sie als Elternteil! Machen Sie sich dies unbedingt auch selbst bewusst. Wut zu haben ist auch für Sie normal, gerade wenn Sie in einer Phase der Überlastung stecken, wie es nach einer Trennung leicht geschehen kann.

Doch bedenken Sie bitte: Welches Vorbild geben Sie Ihrem Kind eigentlich, wenn Sie selbst auf kindliche Wutanfälle ähnlich destruktiv wie Ihr Nachwuchs reagieren? Und was lernt Ihr Kind wohl daraus, wenn Sie wütend zurückschreien oder gar zuschlagen? Hilfe, um besser und ruhiger zu reagieren, kann hier eine kurze Auszeit bringen, etwa indem Sie tief Luft holen und bis zehn zählen oder aus dem Zimmer gehen. Auf diese Weise kann sich die Situation ein wenig entspannen und ein Gespräch danach besser gelingen.

▶ Geschützter Rahmen: Finden Sie gemeinsam mit Ihrem Kind einen Rahmen, innerhalb dessen es seine Wut ausleben kann, ohne jemandem zu schaden. Entdecken Sie gemeinsam Wege, wie Sie mit der Wut und der damit einhergehenden Energie konstruktiv umgehen können. Herauslassen kann man Wutgefühle zum Beispiel bei einer Kissenschlacht oder indem man in einem Wald laut schreit oder aber Zeitungen zerfetzt.

Und wenn gar nichts mehr geht? Wenn Sie den Gefühlen Ihres Kindes hilflos gegenüberstehen? Dann geben Sie zu, dass Sie Hilfe brauchen, und holen Sie sich diese – von Freunden, in einer Elternberatung oder bei Lehrerinnen und Kindergärtnerinnen. Sie müssen der Herausforderung, ein Kind großzuziehen, nicht allein begegnen. Sie dürfen – ja eigentlich müssen Sie – sich Hilfe holen, und das ist vollkommen in Ordnung.

WENN PSYCHISCHE PROBLEME DIE GEFÜHLE BEEINFLUSSEN

SEELISCHE BELASTUNGEN UND ERKRANKUNGEN können die Zuverlässigkeit unserer Affektsysteme in Mitleidenschaft ziehen, etwa wenn jemand über längere Zeit sehr niedergeschlagen ist. Dazu zählt auch die bei alleinerziehenden Müttern häufig auftretende Depression. Alleinerziehende können dadurch in ihrer emotionalen Zuwendungsfähigkeit zum Kind beeinträchtigt sein.

Tritt dieser Fall ein, bemerken auch Ihre Kinder, wenn Sie auf deren Bedürfnisse nicht so recht eingehen; dies ist auf sehr eindrucksvolle Weise in Filmen wie »Winter's Bone« oder »Fishtank« dargestellt. Es kann dann passieren, dass Sie die Gefühle Ihrer Kinder wegen Ihrer eigenen emotionalen Bedürfnisse nicht richtig einschätzen und daher auch nicht hilfreich darauf reagieren können.

Beispiel: Ihr Kind freut sich gerade über ein Geschenk und läuft mit strahlendem Lächeln auf Sie zu, um es Ihnen zu zeigen. Doch Sie reagieren darauf kaum, vielleicht sogar mit unfreundlichem Gesichtsausdruck. Auch wenn dieser daher rührt, dass Sie sich in Gedanken mit etwas Unangenehmen beschäftigen – Ihr Kind weiß das ja nicht. Seine Freude verpufft und macht Ratlosigkeit Platz. Passiert so etwas regelmäßig, verlernt das Kind sich zu freuen und das auch zu zeigen.

Hintergrund für so ein Verhalten: Wer selbst gerade Unterstützung brauchen würde, kann schwer andere unterstützen, insbesondere ein Kind. Doch wenn depressive, alleinerziehende Mütter die Bedürftigkeitssignale ihrer Kinder weniger wahrnehmen, schwächt das auch die Bindungskompetenzen der Mutter. (Vergleichen Sie dazu auch das folgende Kapitel.)

Halten wir uns deshalb vor Augen, wie wichtig elterliche Präsenz, Empathie und Einfühlsamkeit für das Kind sind und dafür, wie es mit Stress umzugehen lernt. Die emotionale Entwicklung des Kleinkindes und seine Gehirnentwicklung werden vom elterlichen Einfühlungsvermögen beeinflusst. Ist ein Elternteil depressiv, können weitere liebevolle und zuverlässige Bezugspersonen wie engagierte Großeltern, Verwandte oder Freunde Hilfe leisten. Lernt das Kind, dass seine Bedürfnisse wahrgenommen und zufriedenstellend befriedigt werden, kann es sich dann trotz allem positiv entwickeln.

KAPITEL 3
KINDLICHE BINDUNG
UND EMOTIONALE SICHERHEIT

DAS BEDÜRFNIS NACH BINDUNG liegt in der menschlichen Evolution begründet: Menschenbabys kommen hilflos auf die Welt, sie brauchen die Fürsorge von Erwachsenen, um überleben zu können. Für ihren Schutz und ihr Überleben brauchen sie daher mindestens eine nahestehende, feinfühlige Bezugsperson – besser mehrere.

Aus diesem Grund legen schon Säuglinge ein Verhalten an den Tag, mit dem sie die Mutter oder eine andere Bezugsperson aktiv suchen und den Kontakt zu ihr aufrechterhalten, um für die Befriedigung der für sie lebenswichtigen Bedürfnisse zu sorgen – Hilfe bei Hunger, Durst, Kälte, Einsamkeit oder Angst. Bereits ein Neugeborenes signalisiert durch dieses Bindungsverhalten seine Wünsche nach Nahrung, Wärme und Schutz. Zu diesem aktiven Bindungsverhalten zählen Lächeln, Anschmiegen oder Festklammern, aber auch Unruhe, Weinen oder Schreien.

Schmerz, Müdigkeit oder das Fortsein vertrauter Menschen lösen das Bindungsverhalten aus. Es wird wieder beendet, sobald die Bindungsperson sich dem Kind wieder zuwendet und sich angemessen und einfühlsam um dessen Bedürfnisse kümmert, also den Schmerz lindert oder es tröstet. Wir können daher dieses Bedürfnis des Kindes nach Bindung auch als Wunsch nach Sicherheit verstehen. Das ist evolutionsbiologisch auch absolut sinnvoll, weil ein einsames Baby in einer gefährlichen Umwelt früher nach kürzester Zeit sterben musste. Deshalb ist kindliche Trennungsangst grundsätzlich gleichbedeutend mit Todesangst.

Beim Bindungsverhalten, dem Streben hin zu Ihnen als Bezugsperson, erwartet Ihr Kind, dass Sie es schützen, trösten, ihm zeigen, dass Sie sich über seine Rückkehr freuen und dass Sie seine Gefühle und sein Verhalten »sortieren«, wenn es über die Grenzen seines Könnens gegangen ist.

Die Forschungen zu diesem Thema gehen zurück auf den Kinderpsychiater und Psychoanalytiker John Bowlby, der Ende der Sechzigerjahre des letzten Jahrhunderts die Bindungstheorie entwickelte. Unter Bindung kann man Bowlby zufolge die tiefe emotionale Beziehung eines Kindes zu den wichtigsten Menschen in seiner engen Umgebung verstehen. Diese Beziehung entwickelt sich in den ersten Lebensjahren in der Regel zu den Eltern.

Zu den engen Bezugspersonen gehört natürlich die Mutter des Kindes, aber auch weitere nahestehende Menschen wie der Vater, die Großeltern oder ältere Geschwister und andere Verwandte. In Familien, in denen die Mutter ihre Kinder allein erzieht, kommt ihr besonders große Bedeutung zu.

Feinfühlige Bezugspersonen können die mimischen oder stimmlichen Affektsignale ihres Kindes intuitiv verstehen, sie mit Empathie nachempfinden und die geäußerten kindlichen Bedürfnisse dann befriedigen. Durch den Prozess der Spiegelung erfährt das Kind Sicherheit und Schutz, es ist in der Lage, die belastenden Spannungszustände zu bewältigen. Es ist dabei zwar abhängig von der Mutter, kann diesen Zustand aber angstfrei erleben. Abhängigkeit ist also nicht in jedem Falle automatisch etwas Schlechtes. Es kommt immer darauf an, von wem man abhängig ist. Das angstfreie Erleben guter Abhängigkeit von einer feinfühligen Bezugsperson ist die Basis für einen späteren sicheren Selbstwert eines Menschen und seine positive Bindungsfähigkeit im weiteren Leben.

Je älter Kinder werden, umso mehr verschieben sich seine Bindungswünsche weg von körperlicher Nähe hin zu geistiger oder gefühlsmäßiger Nähe und zu Gesprächen. Zu Beginn der Kindergartenzeit werden weitere Bezugspersonen wichtig, eine zeitweilige Trennung von den Eltern wird zunehmend leichter akzeptiert.

Die frühen Bindungserfahrungen prägen ein Kind auch im Hinblick darauf, welche Erwartungen es an seine Bezugspersonen stellt und ob es erwarten kann, dass Vater oder Mutter seine Bedürfnisse befriedigen werden.

SICHERHEIT UND ERKUNDUNG DER WELT: BINDUNGSVERHALTEN UND EXPLORATIONSVERHALTEN

BINDUNG STELLT EIN GEFÜHL DER SICHERHEIT beim Kind her, auf dessen Ausgangsbasis es auch wagt, die Welt zu entdecken. Das Bindungsverhalten wechselt mit dem ebenso wichtigen Erkundungs- oder Explorationsverhalten. Kinder haben auch den angeborenen Wunsch, ihre Umwelt zu entdecken und immer mehr von ihr kennenzulernen. Das Erkundungsverhalten ist ein wichtiger Weg, den das Kind gehen muss, um seine Neugier zu befriedigen und zu lernen, wie man sich im Leben zurechtfinden kann.

Sowohl Bindungsverhalten wie auch Explorationsverhalten sind notwendig, damit sich das Kind altersgerecht entwickeln kann.

Beide Verhaltensweisen stehen in enger Beziehung zueinander. Hat ein Kind beispielsweise Angst, wird es die Nähe seiner Bindungsperson suchen. Es wird eher nicht den Wunsch haben, neue Dinge und Orte zu entdecken. Fühlt es sich durch die Mutter wieder beruhigt und sicher, kann sein Entdeckerdrang weitergehen und es kann sich von der Bezugsperson fortbewegen und Neues kennenlernen. Wichtig ist dabei, dass die Bezugsperson als sichere Basis in der Nähe bleibt, sodass das Kind sie jederzeit aufsuchen kann, wenn es das für nötig hält. Auch bei der Entdeckung seiner Umwelt erwartet das Kind, dass seine Bezugsperson auf seine Sicherheit achtet, ihm, wenn es nötig ist, hilft und sich über neue Entdeckungen mit ihm freut. Einer der größten Freuden-Augenblicke ist es, wenn ein Kind zum ersten Mal in seinem Leben frei steht und seine ersten Schritte selber geht. Bindungs- und Entdeckungsverhalten prägen das Kind also in gleichem Maße und machen es zu einem selbstständigen und beziehungsfähigen Menschen.

Die sichere Bindung

Eine sichere Bindung ist wesentlich für die positive Entwicklung eines Kindes. Eine sichere Bindung zeigt sich darin, dass Kinder ihre Bezugspersonen als sichere Basis ansehen und zwischen Bindungs- und Explorationsverhalten wechseln. Ist die Mutter im selben Raum, spielt das Kind zum Beispiel und lässt die Mutter an den Entdeckungen teilhaben (»Explorationsverhalten«). Geht die Mutter aus dem Zimmer, so kann das Kind beunruhigt reagieren und der Mutter nachlaufen oder weinen (»Bindungsverhalten«). Bei der Rückkehr der Mutter beruhigt sich das Kind schnell und setzt sein Spiel fort.

Das Kind fühlt sich in einer solchen Bindung gut aufgehoben und lässt sich gut trösten. Sicher gebundene Kinder handeln früher selbstständig, weil sie auf ihren sicheren Zufluchtsort – die Bezugsperson – vertrauen, sie freunden sich eher mit Gleichaltrigen an und finden leichter Kontakte. Sie haben auch später weniger Verhaltensprobleme. Eine sichere Bindung schützt ganz allgemein auch im späteren Leben bei Belastungen.

Durch Untersuchungen wurde herausgefunden, dass die Bezugspersonen sicher gebundener Kinder feinfühlig und angemessen auf die Wünsche ihrer Kinder eingehen. Solche Mütter oder Väter haben gelernt, die Bedürfnisse ihrer Kinder wahrzunehmen, sie richtig einzuschätzen und darauf wohlwollend zu reagieren. Damit befriedigen sie die Bedürfnisse ihrer Kinder nach Nähe und schaffen gleichzeitig die nötigen Freiräume für die Erforschung der kindlichen Umwelt, helfen so beim Erwachsenwerden.

NOCH EINE WARNUNG AN DIESER STELLE: Eine sichere Bindung zeigt sich nicht darin, dass Ihr Kind ständig in Ihrer Nähe ist und sich alleine gar nicht fortbewegt. Im Gegenteil. Es geht um das Gleichgewicht zwischen Nähe zur Bezugsperson und der gleichzeitig notwendigen Erkundung der Welt.

Die unsicher-vermeidende Bindung

Kinder mit diesem Bindungsmuster neigen dazu, ihre Mutter selbst bei Anwesenheit im gleichen Raum zu ignorieren. Sie wirken, als würden sie sich gar nicht für die Mutter, sondern nur für ihr Spiel interessieren. Selbst wenn ihre Bezugsperson das Zimmer verlässt, tun die Kinder, als wäre nichts. Kehrt die Mutter zurück, vermeiden die Kinder den aktiven Kontakt, eine Annäherung seitens der Mutter wird womöglich abgelehnt. Es kommt selten zu Körperkontakt, die Kinder möchten nicht berührt oder auf den Arm genommen oder getröstet werden. Doch solche äußerlich ruhig und unbeeindruckt wirkenden Kinder zeigen in Forschungsstudien starke Belastungen, wie erhöhte Herzschlagfrequenz und erhöhte Werte des Stresshormons Cortisol.

Es zeigt sich, dass die Mütter von solchen unsicher gebundenen Kindern häufig selbst ein vermeidendes Verhalten zeigen. Sie weisen ihre Kinder häufiger ab, wenn diese Kontakt aufnehmen wollen, empfinden Berührungen mit ihren Kindern vielleicht sogar als unangenehm.

Das unsicher-vermeidende Bindungsverhalten kann man daher als Reaktion des Kindes auf erlebte Zurückweisung verstehen. Um den Schmerz darüber zu verringern, tut das Kind der Mutter zuliebe so, als ob es gar keinen Wunsch nach der Nähe der Mutter habe. Es befindet sich eher im Explorationsmodus.

Auch Kinder depressiver Mütter neigen dazu, unsicher gebunden zu sein, was daher insbesondere für alleinerziehende Mütter bedeutsam ist.

Die unsicher-ambivalente Bindung

Im Unterschied zum vorher genannten unsicher-vermeidenden Bindungstyp zeigt ein unsicher-ambivalent gebundenes Kind verstärktes Bindungsverhalten. Diese Kinder suchen häufig und intensiv die Nähe ihrer Bindungsperson, sogar vor einer Trennung von ihr. Ist die Bindungsperson nicht greifbar, fühlen sich diese Kinder stark belastet; sie schreien, toben oder weinen sehr.

Kehrt die Bezugsperson zurück, zeigt sich die ambivalente Seite dieses Bindungsverhaltens: Sie wollen sich der Mutter zwar annähern, zeigen aber gleichzeitig auch Wut und Ärger. Oder sie weinen weiterhin untröstlich, obwohl die Mutter nun bei ihnen ist.

Unsicher-ambivalente Kinder sind auch in Anwesenheit ihrer Bezugsperson unsicher und beschäftigen sich eher mit der Mutter statt mit ihrem Spiel. Ihr Bindungsverhalten ist fast immer aktiviert und droht, ihre Entdeckungslust zu lähmen.

Als Hintergrund für dieses Bindungsverhalten wird angenommen, dass sich die Mütter inkonsequent verhalten und sehr unterschiedlich und wenig vorhersehbar auf die Nöte, Affektsignale und Bedürfnisse ihrer Kinder eingehen. Manches Mal tun sie fast zu viel für ihre Kinder, andere Male wiederum gar nichts. Dieses Verhalten wirkt auf die Kinder so, dass sie sich der Mutter nie sicher sein können. Aus Angst, sie zu verlieren, bemühen sie sich in der Folge ständig um sie und suchen ihre Aufmerksamkeit zu erreichen. Dabei vernachlässigen sie vieles andere wie ihre Umwelt und Neues zu erkunden.

Die desorganisierte Bindung

Diese Form der Bindung findet sich vor allem bei Kindern, die schlimme bis traumatische Erlebnisse wie frühe Trennungen, Vernachlässigung oder Missbrauch hatten. Diese Kinder zeigen in manchen Phasen weder Bindungs- noch Explorationsverhalten, neigen zu stereotypen Verhaltensweisen in Anwesenheit der Mutter, sie haben mitunter tranceartige Zustände (wie Erstarren) oder verhalten sich widerspüchlich, indem sie den Kontakt suchen und ihn gleich darauf ablehnen.

Meist haben auch die Mütter dieser Kinder ähnlich traumatische Erlebnisse gehabt und sind selbst ängstlich oder psychisch krank. Sie können daher ihr Kind nicht schützen oder angemessen gut versorgen. Sie sind nicht in der Lage, ihrem Kind in Situationen zu helfen, in denen es Schutz sucht, weil die Mütter selbst Angst haben. Der Effekt: Die Kinder haben nicht nur Angst vor ungewöhnlichen Situationen oder unbekannten Menschen, sondern auch vor der eigenen Mutter, gleichzeitig suchen sie aber trotzdem Schutz bei ihr und sind deshalb hin- und hergerissen.

Wie entwickelt sich eine möglichst sichere Bindung?

Mütter reagieren unterschiedlich auf die wechselnden Bedürfnisse ihrer Kinder. Manchen gelingt es besser, manchen schlechter, für ihre Kinder erreichbar und für die Befriedigung der kindlichen Bedürfnisse verfügbar zu sein.

Wenden sie sich Ihrem Kind zu und zeigen Sie ihm, dass Sie seine Signale wahrnehmen, sich bemühen, sie richtig einzuschätzen, und auch darauf reagieren. So erkennt Ihr Kind in Ihnen eine verlässliche Stütze und wird zunehmend selbstsicher. Es erkennt, dass sein Verhalten die richtige Wirkung (Ihre Reaktion) erzeugen kann und seine Bedürfnisse als wichtig wahrgenommen und befriedigt werden. Es fühlt sich nicht hilflos ausgeliefert, sondern erkennt, dass es sein Leben und seine Umwelt mitgestalten kann.

Zum Trost: Dies gelingt nicht immer gleich gut, auch in der besten Mutter-Kind-Beziehung wird wie in jedem zwischenmenschlichen Kontakt nicht immer alles reibungslos verlaufen. Und das muss es auch nicht, niemand ist perfekt – und auch aus Fehlern kann man lernen. Aber es sollte für Eltern selbstverständlich sein, sich stets um größtmögliche Einfühlung dem Kind gegenüber zu bemühen. Klappt es einmal nicht, werden die meisten Kinder das ohne böse Folgen überstehen. Aber wenn der Mangel an Einfühlung zum Dauerzustand wird, so stellen Sie als Bezugsperson nicht mehr den »sicheren Hafen« für Ihr Kind dar.

Ein Mangel an Einfühlungsvermögen zeigt sich etwa darin, wenn die Bezugsperson nicht auf Signale von Müdigkeit oder Sattheit ihres Kindes achtet, darüber hinweggeht oder die Wünsche des Kindes gar nicht beachtet.

Lernen Sie, intuitiv auf die Bedürfnisse Ihres Kindes einzugehen, statt auf eine vermeintliche richtige, gesellschaftlich oder medial vermittelte Weise zu agieren. Trauen Sie Ihrem Bauchgefühl. Kinder zeigen sehr genau an, was für sie gut und richtig ist. Handelt die Bezugsperson dementsprechend, so lernt das Kind, dass es sich auf seine Vertrauensperson verlassen kann, und wird sich seiner selbst immer sicherer.

HILFREICH FÜR EINE SICHERE BINDUNG

▶ Sie sind bereit, die Botschaften, die Ihr Kind aussendet, zu erkennen und wahrzunehmen.

▶ Sie vermeiden es, diese zu übersehen, weil Sie mit sich selbst oder anderen Angelegenheiten beschäftigt sind.

- Sie fühlen sich in das Innenleben Ihres Kindes ein, um seine Botschaften an Sie richtig erkennen zu können. Können Sie unterscheiden, ob Ihr Kind gerade unternehmenslustig ist und seine Umgebung erkunden möchte – oder eher Sicherheit, Trost und Ihren Schutz benötigt?
- Sie sind in der Lage, die Wünsche Ihres Kindes von Ihren eigenen Bedürfnissen zu unterscheiden und danach zu handeln. Projizieren Sie also nicht Ihre eigenen Bedürfnisse (zum Beispiel nach Hilfe oder einer Partnerschaft) in Ihr Kind hinein. Versuchen Sie keine Hänschenklein-Mutter zu sein (und singen Sie Ihrem Kind dieses unselige Lied möglichst auch nicht vor).
- Sie reagieren angemessen und umgehend auf die Bedürfnisse Ihres Kindes. Sie geben ihm die richtige Menge Trost, Sicherheit oder Hilfe, nicht mehr, aber auch nicht weniger, als es verlangt. Das heißt aber auch, Sie sind in der Lage, Ihre Handlungen auf die Bedürfnisse Ihres Kindes abzustimmen.
- Sie stellen einen »sicheren Hafen« dar für Ihr Kind in Situationen, in denen es Angst, Wut oder Trauer verspürt. Spielen Sie die Gefühle nicht herunter und gehen Sie auf Ihr Kind ein.
- Unterstützen Sie Ihr Kind in seinen Entdeckungen, helfen Sie erst, wenn es etwas nicht allein bewältigen kann. Entmutigen Sie es nicht, indem sie ihm übertriebene Ängste einreden. So kann es lernen, selbstständig mit Herausforderungen umzugehen.
- Bleiben Sie aufmerksam, wenn Ihr Kind allein spielt. Zeigen Sie Ihr Interesse an dem, was Ihr Kind tut, und freuen Sie sich mit ihm.
- Ermuntern Sie Ihr Kind vor allem, seine Gefühle offen zu zeigen. Üben Sie dabei keinen Druck aus, werden Sie also nicht zudringlich, aber signalisieren Sie, dass Sie immer ein offenes Ohr haben. (Vergleichen Sie dazu das Kapitel »Die emotionale Entwicklung des Kindes« ab S. 41.)

Machen Sie dazu Übung 10, »Der kleine rosa Elefant«, ab Seite 166.

EIN ELTERNPAAR TRENNT SICH – das Kind verliert in der Folge einen Elternteil ganz oder fast ganz. Es empfindet dies als Verlust der eigenen Sicherheit und Geborgenheit, unabhängig davon, wie sehr der nunmehr abwesende Elternteil tatsächlich für dieses Gefühl gesorgt hat. Dies tritt insbesondere dann ein, wenn der verbliebene Elternteil mit Niedergeschlagenheit oder gar Depressionen auf die Trennung reagiert.

Eine solche Lebenskrise erfordert große Anstrengungen in der Anpassung an die neue Situation, von den Eltern wie von den Kindern. Ein Kind spürt in den allermeisten Fällen eine enge Bindung an beide Elternteile. Die Trennung bedeutet für die Kinder einen tiefen Verlust und häufig eine emotionale Entfremdung von einem Elternteil. Das kann als schmerzliches Gefühl der Ablehnung empfunden werden. Gerade jüngere Kinder glauben leicht, die Trennung habe mit ihnen zu tun, sie seien schuld daran.

Um den anderen Elternteil trauern zu können hilft dem Kind bei der Überwindung dieser Krise. (Vergleichen Sie dazu auch den Abschnitt »Kindliche Wut und Traurigkeit« ab Seite 63.) Beziehen Sie Ihr Kind daher in die Ereignisse während der Trennung ein, erklären Sie die Gründe, reden Sie, seinem Alter gemäß, mit ihm über das, was geschieht. Sprechen Sie offen über seine Angst vor Verlust und trösten Sie. Viele Kinder haben nach einer Trennung große Angst, auch noch den zweiten Elternteil zu verlieren.

Vermeiden Sie jedoch billigen Trost und schnelle Beruhigungsversuche. Damit fühlt sich Ihr Kind mit seinen tiefen Sorgen und Ängsten nicht ernst genommen. Akzeptieren Sie die Gefühle Ihres Kindes, lassen Sie sie zu, ohne die aktuelle Lage zu beschönigen.

Ein feinfühliger Umgang mit diesen kindlichen Emotionen und Ihr Verständnis dafür sind für das Kind wichtiger als schneller Trost oder hektische Ablenkung von unangenehmen Gefühlen.

Wie konkret Sie Ihr Kind über einen Partnerkonflikt oder eine Trennung informieren, hängt vom Alter des Kindes und seinem Entwicklungsstand ab. Hier kann zu viel oder zu »erwachsene« Information emotional überfordern; zu wenig auszusprechen oder das Kind zu wenig an den ohnehin sichtbaren Entwicklungen zu beteiligen wäre aber auch falsch.

EINE SICHERE BINDUNG ZUM VATER

KINDER SIND AN BEIDE ELTERNTEILE GEBUNDEN, sie haben sowohl eine Bindung zur Mutter wie auch eine zum Vater. Die Trennung fühlt sich daher für das Kind häufig als emotionale Ablehnung durch den nun fortziehenden Elternteil an. Jüngere Kinder denken mitunter sogar, wenn sie braver, folgsamer, mutiger, fröhlicher oder sogar überhaupt nicht da gewesen wären, wäre es nie zur Trennung gekommen. Die Trennung stellt für ein Kind fast immer einen kaum auszuhaltenden Gefühlskonflikt dar, weil es beide Eltern liebt.

Voraussetzung dafür, dass dies auch nach einer Trennung der Eltern so bleiben kann: Die Beziehung der Elternteile ist nicht durch anhaltende Konflikte und dauernde Vorwürfe belastet. Harmonische Trennungen, bei der zwar die Paarbeziehung zerbrochen ist, sich die ehemaligen Partner aber in ihrer Elternverantwortung weiterhin respektieren, sind jedoch selten. Hier muss man auch abwägen, eine radikale Trennung von einem Elternteil kann auch die notwendige Reaktion auf familiäre Zustände sein, etwa wenn andauernde Gewalt oder Alkoholmissbrauch vorliegen. Doch ein regelmäßig anwesender Vater kann mit seinem Kind eine stabile Bindung aufbauen beziehungsweise beibehalten. Insbesondere Jungen profitieren von der Anwesenheit des Vaters im Sinne eines Rollenmodells.

Grundsätzlich kann das Kind zu unterschiedlichen Bezugspersonen unterschiedliche Bindungen haben. So kann es eine unsichere Bindung an die Mutter haben und eine sichere Bindung an den Vater oder einen Großelternteil. Dies kann die Nachteile aus einer unsicheren Bindung ausgleichen.

In den meisten Fällen ist es für Ihr Kind vorteilhaft, wenn Sie das Ende Ihrer Beziehung zum Partner – im Rahmen der Möglichkeiten – nicht mit dem Ende der Beziehung als Eltern und der gemeinsamen Verantwortung für das Kind gleichsetzen. Mitunter kann es wichtig sein, hier eigene Konflikte und Kränkungen zugunsten des Kindes zurückzustellen.

DIE ROLLE DES VATERS IN DER KINDLICHEN ENTWICKLUNG

DIE GROSSE BEDEUTUNG DES VATERS für die kindliche Entwicklung ist in den letzten 20 Jahren immer stärker erkannt worden. Die Mannheimer Bevölkerungsstudie zur Epidemiologie psychogener Erkrankungen hat aufgezeigt, wie Häufigkeit, Verlauf und Ursachen psychogener, das heißt vorwiegend psychosozial verursachter Erkrankungen, mit der Abwesenheit des Vaters in Zusammenhang stehen. So konnte festgestellt werden, dass die in Folge des Zweiten Weltkriegs vaterlosen Kriegskinder noch über 50 Jahre später häufiger als die mit ihrem Vater aufgewachsenen Kinder unter Depressionen, Ängsten oder psychosomatischen Körperbeschwerden litten.

Angesichts von 200.000 Kindern, die in Deutschland heute jedes Jahr die Trennung ihrer Eltern erleben, kann man die Bedeutung des Vaters oder seines Fehlens nicht oft genug hervorheben.

Die sichere Bindung des Kindes zum Vater auch nach einer Trennung zu fördern und zu pflegen ist daher unbedingt empfehlenswert.

DIE BEDEUTUNG DES VATERS IN UNTERSCHIEDLICHEN LEBENSABSCHNITTEN

In den unterschiedlichen Entwicklungsstufen eines Kindes spielt der Vater jeweils unterschiedliche Rollen.

Säuglingsalter – Urvertrauen und Selbstwert

Der Säugling ist im ersten Lebensjahr sehr abhängig von seiner wichtigsten Bezugsperson, dies ist meistens die Mutter. Je besser und feinfühliger dieses Zusammenleben abläuft, je besser sich das Kind auf diesen Menschen verlassen kann, umso offener wird es sich später auch anderen Menschen zuwenden und sich allmählich aus der Abhängigkeit zu seiner ersten Bezugsperson lösen. Mit etwa acht Lebensmonaten kann ein Kind erkennen und zeigen, ob ihm ein Mensch fremd oder vertraut ist. In dieser Phase zeigt es auch ängstliche Reakionen beim Kontakt mit unbekannten Menschen, dieses Verhalten bezeichnet man als Fremdeln. Als Ursache dahinter wird vermutet, dass Kinder mit ihrer engsten Bezugsperson ganz individuelle Formen der Kommunikation entwickeln (bestimmte Arten von Blickkontakt zum Beispiel oder ein ganz besonderes Lächeln). Sie sind geängstigt und weinen, weil andere Personen dieses Repertoire nicht beherrschen, und fantasieren die Möglichkeit einer Trennung von der Bezugsperson.

Hier helfen verlässliche Beziehungen des Kindes zum Vater, zu den Großeltern oder anderen wichtigen Menschen. Dies hilft dem Kind, die Angst vor Verlust zu bewältigen, und entlastet gleichzeitig seine wichtigste Bezugsperson.

Der Vater kann in diesem ersten Lebensabschnitt die Mutter beim Aufbau einer stabilen Bindung zu ihrem Baby unterstützen, indem er sie entlastet. Das Kind als Rivalen um die Liebe der Partnerin zu erleben schadet allerdings. Zudem können Väter andere Bereiche im Leben des Kindes abdecken – häufig sind es Aktivitäten und Spiele, die zur Erkundung der Welt anregen, während die Mütter sich eher auf körperliche Nähe und Spiegelung konzentrieren. Aus diesem Grund ist es hilfreich, wenn der zweite Elternteil auch nach einer Trennung Kontakt zum Kind behalten kann. Geht dies nicht, ist es von Vorteil, wenn der verbliebene Elternteil dabei unterstützt wird, beide für die Entwicklung wichtigen Bereiche abzudecken.

Kleinkindalter (1–3 Jahre) – wachsende Selbständigkeit

Etwa mit der Fähigkeit zu sprechen entwickeln Kinder die sogenannte Objektkonstanz. Ein Kind fängt an zu erkennen, dass Objekte (Menschen oder Dinge) nicht aufhören zu existieren, nur weil sie von ihm nicht mehr wahrgenommen werden; seine Verlassenheitsängste kann es mithilfe von Trostgegenständen (sogenannte Übergangsobjekte wie der eigene Daumen, Teddys, Schmusedecken) abmildern.

Ihr Kind wird nun selbstständiger, kann sprechen und sich mit einem »Nein« von seiner Umwelt und deren Wünschen abgrenzen. Auch die Motorik wird sicherer und es macht weitere Erkundungsschritte. Mit diesem Zuwachs an Möglichkeiten sind besonders am Ende des zweiten Lebensjahres aber auch verunsichernde Trennungserfahrungen und die dazugehörigen Ängste und Wutgefühle verbunden.

Kinder wechseln hier zwischen Phasen kindlichen Größenwahns und Momenten des Scheiterns. Sie haben die Vorstellung, ihre Bedürfnisse könnten wie früher umgehend befriedigt werden beziehungsweise sie könnten alles erreichen, was sie sich nur vorzustellen vermögen; Wutanfälle können auf diese Enttäuschungen folgen. Oft hält das Kind Sie als Mutter für verantwortlich dafür – nehmen Sie das nicht persönlich, auch wenn Sie ein Vorkommnis womöglich an Angriffe in Ihrer eigenen Kindheit erinnert. Ihr Kind will Sie nicht persönlich beschädigen, sondern nur die Fürsorge seiner als allmächtig fantasierten Bezugsperson wieder zurückhaben. Brechen Sie den Willen Ihres Kindes hier nicht, aber setzen Sie behutsam Grenzen.

Die verwirrenden Gefühle in dieser Phase können sehr gut von einem einfühlsamen Vater, aber auch einer anderen wichtigen Bezugsperson aufgefangen und zum Beispiel durch explorative, ermutigende und intensive motorische Spielaktvitäten abgebaut und gemildert werden.

In der anschließenden Trotzphase mit ihren Wutanfällen wird Ihrem Kind bewusst, dass es eine eigene Persönlichkeit ist und sich nicht nur nach den Wünschen der Erwachsenen richten muss. Aber auch hier erprobt es ja nur den sozial verträglichen Umgang mit seinen aggressiven Impulsen und benötigt einen »Sparringspartner«. Das Kind will Sie natürlich nicht wirklich angreifen, sondern sucht auch hier eigentlich Ihre Unterstützung dabei, mit seinen heftigen Impulsen umgehen zu lernen, weil es sich selber noch nicht kontrollieren kann. Kommt es zu gefährlichen Situationen, müssen Sie natürlich auch hier die Grenzen setzen – möglichst aber, ohne das Kind anzuschreien oder moralisierend oder herabsetzend zu beschimpfen. Ein starker und ruhiger Vater, den so schnell nichts umwirft, ist hier natürlich ein idealer Entwicklungspartner. Aber in Trennungssituationen leiden alle Betroffenen – auch die Väter, und dann ist es manchmal schwer, sich nach dem Motto »In der Ruhe liegt die Kraft« zu verhalten.

Vorschulalter – Regeln und Grenzen

Ihr Kind wird immer selbstständiger, der Bewegungsspielraum größer. Erste Freundschaften entstehen. In dieser Zeit werden Regeln und Verbote der Eltern zunehmend infrage gestellt, die Kinder lernen nun auch andere als die elterlichen Verhaltensweisen kennen. In dieser Zeit bilden sich Wertvorstellungen, und das Kind entwickelt ein Gewissen. Wichtig ist es, ihm Regeln und Verbote klarzumachen und verständlich zu begründen. Das erfolgt in erster Linie durch die Eltern, aber auch im Kindergarten und durch Freunde und Bekannte.

Außerdem festigt sich zwischen dem vierten und sechsten Lebensjahr die sexuelle Identität des Kindes. Das Kind übt sozusagen am Vorbild der Eltern und mit deren Hilfe, wie es später einmal eine Partnerbeziehung anbahnen könnte. Hier kann der Vater die sexuelle Rollenfindung und die partnerbezogenen Kompetenzen des Kindes unterstützen – natürlich immer unter zuverlässiger Einhaltung der wahrscheinlich angeborenen Inzestschranke. Kinder sind unter allen Umständen vor der vereinnahmenden Konfrontation mit erwachsener sexueller Erregung zu schützen. Auch ihre Intimität und genitale Integrität sind zu respektieren und zu schützen. In dieser Phase ist es wichtig, dass auch bei der Mutter aufwachsende Kinder eine liebevolle Beziehung zum Vater führen können und dass dies ohne Schuldgefühle geschieht. Wenn der Vater nicht verfügbar ist, profitieren Kinder – besonders Jungen – von einer engen positiven Beziehung zu einer anderen zuverlässigen männlichen Bezugsperson, um ihre eigene Rolle zu finden und eine selbstbewusste sexuelle Identität zu entwickeln.

Wenn der Vater fehlt ...

Die sogenannte separative Funktion des Vaters fördert die Autonomieentwicklung des Kindes speziell dann, wenn das Kind im Alter zwischen einem und zwei Jahren beginnt, sich von der Mutter zu lösen. Hänschenklein hatte keinen Papa. Die begleitenden heftigen Affekte wie Wut und Ängste können hier vom Vater aufgefangen werden, wenn er sich dem Kind als »triangulierende« stabile Beziehungsalternative zur Mutter anbietet. Innerhalb dieses Rahmens kann das Kind seine Selbstständigkeit entwickeln und affektmoderiert durch den Vater erproben.

Wenn in der sexuellen Rollenfindungsphase die Mutter aufgrund eigener emotionaler Bedürftigkeit das Kind weiterhin sehr eng an sich bindet, kann sich besonders für den Jungen eine schwierige oder sogar missbräuchliche verführerische Nähe entwickeln, aus der er sich – auch später – entweder gar nicht oder nur scheinbar mittels heftiger Konflikte lösen kann. Mädchen können unter solchen Umständen später ihre Partner im sexualisierten Suchmodus nach dem in der Kindheit ersehnten Vatervorbild aussuchen, um sich endlich innerlich von der Mutter lösen zu können. Auch dies kann mit erheblichen Beziehungskonflikten einhergehen.

Angesichts dieser Zusammenhänge kann die Abwesenheit des Vaters nach einer Trennung besonders für die Jungen negative Auswirkungen auf deren Entwicklung haben, umso mehr, je jünger das Kind bei der Trennung ist. Sie haben nun keinen »Sparringspartner« mehr, um ihre möglicherweise zerstörerischen Gefühle zu kanalisieren. Die negativen Auswirkungen können durch häufige familiäre Gewalt, beeinträchtigte Elternkompetenzen und anhaltende Konflikte zwischen den Eltern noch verstärkt werden.

Ohne Vater aufgewachsene Kinder lassen sich auch im Erwachsenenalter weniger auf Beziehungen ein, unter anderem auch deshalb, weil sie eine ähnlich enge Beziehung wie die zur eigenen Mutter fürchten.

Auch in bestehenden Zwei-Eltern-Beziehungen sind Väter häufig berufsbedingt über lange Wegstrecken der kindlichen Entwicklung wenig bis gar nicht präsent. Trotz der propagierten neuen Vaterbilder spricht die Wirklichkeit eine andere Sprache: Väter sind meist in Vollzeit berufstätig (95 Prozent), Mütter hingegen nur etwa zu 30 Prozent. Das Fehlen der Väter ist allerdings kein neues Phänomen. Schon nach zwei Weltkriegen, Nazi-Herrschaft und Kriegsgefangenschaft waren Väter häufig abwesend; die tatsächlichen Rückkehrer waren schwer traumatisiert, sodass sie in ihren Familien lange Zeit Fremde und fast abwesend blieben. Ein Viertel der Kinder wuchs in der Nachkriegszeit ohne Vater auf, viele andere hatten eine gestörte Beziehung zu einem traumatisierten Vater. Dieses Thema zeigt sich bis heute in psychotherapeutischen Behandlungen der Kriegs- und Nachkriegskinder, wo es immer noch als leidvoll erlebt wird; häufig war es jahrzehntelang verdrängt. Ein Grund mehr, in heutigen Elternbeziehungen für die Anwesenheit des Vaters zu sorgen.

DIE ENTFREMDUNG
VON EINEM ELTERNTEIL

DAS SOGENANNTE PARENTAL ALIENATION SYNDROME ist die Extremvariante einer emotional missbräuchlichen Elternteil-Kind-Beziehung und eine manipulative Entfremdung des Kindes von seinen eigenen Bindungs- und Entwicklungsbedürfnissen. Dabei entwertet und diffamiert ein Elternteil gegenüber dem Kind den anderen Elternteil, um eine – womöglich liebevolle – Beziehung zu diesem zu unterbinden. Wichtigstes Kennzeichen für dieses Verhalten: Die zum Beispiel nur vorgeblich auf den Wunsch des Kindes zurückgehende Ablehnung meistens des Vaters. Diese Art von kindlichen Anpassungsprozessen kommt umso häufiger vor, je belasteter, depressiver oder bedürftiger die Bezugsperson – meist die Mutter – ist.

Auch hier steckt hinter dem kindlichen Verhalten die durch die Trennung ausgelöste Angst des Kindes. Kinder tun alles, damit diese Situation wieder besser wird. Daher lassen sie fast alles mit sich geschehen und tun so, als ob es ihnen dabei gut ginge. Das ist Ausdruck ihrer Treue und unbedingten Loyalität. Selbst wenn ein Kind aufhört, mit einem Elternteil zu kommunizieren, geschieht dies unter dem Eindruck, dass der andere Elternteil das braucht.

WENN SICH DIE ROLLEN
ZWISCHEN KINDERN UND ELTERN
UMKEHREN ...

MITUNTER KOMMT ES ZWISCHEN KINDERN und (alleinerziehenden) Müttern zu einer vermeintlichen Rollenumkehr. Dies kann dann geschehen, wenn Kinder die narzisstischen Verletzungen ihrer Mutter wahrnehmen und sich in der Folge mit der als bedroht wahrgenommenen Mutter identifizieren. Diese Art der Rollenumkehr nennt man Parentifizierung. Das Kind versucht nun, die Mutter vor weiteren Verlusten und Kränkungen zu schützen – auch um den Preis seiner eigenen Beziehung zu seinem Vater, die es aufgibt, falls dies vermeintlich von der Mutter gewünscht wird.

Das Kind erahnt – in einer Umkehr der empathischen Funktion – die narzisstische Bedürftigkeit der Mutter, passt sich an deren Sehnsüchte oder Wünsche an und versorgt sie (vermeintlich) loyal mit dem, was sie nach Ansicht des Kindes zu erwarten scheint. Gleichzeitig verhält das Kind sich aber latent angstvoll und verzichtet deswegen auf die Entwicklung eigener Impulse und Emotionalität. Dieses Verhalten resultiert aus kindlichen Fantasien, denen zufolge das Kind – möglicherweise gefördert durch subtile Signale der Mutter – eigene Wünsche und deren Erfüllung als bedrohliche Verletzung der Mutter erlebt, weshalb die Beziehung zu ihr als gefährdet erscheint.

KAPITEL 4
WEGE DER BEWÄLTIGUNG IM KRISENFALL TRENNUNG

DIE VORGESCHICHTE:
DEN SCHMERZ DER TRENNUNG ÜBERWINDEN

SCHEIDEN TUT WEH, SAGT NICHT UMSONST DER VOLKSMUND. Eine Trennung von jemandem, mit dem man durch Liebe verbunden war, bringt für alle Beteiligten Schmerzen und vielfache Veränderungen im Alltag mit sich, ob seelisch, sozial, finanziell oder beruflich. Ihr ganzes Leben steht Kopf, Sie trennen sich nicht nur vom Partner, sondern auch von der bisherigen Lebensweise, vielleicht dem Wohnort, von vielen Rollen und liebgewordenen Gewohnheiten.

Alle Betroffenen reagieren unterschiedlich, sehr häufig stellen sich jedoch Gefühle von Traurigkeit, Verzweiflung und Hilflosigkeit ein. Diese Gefühle können bei beiden Eltern auftreten, demjenigen, der die Trennung ausgesprochen hat, und dem anderen, der verlassen wurde. Enttäuschungen spielen auf beiden Seiten eine Rolle, die Trennung ist oft nur der letzte Schritt, nachdem man sich vom anderen längst verlassen gefühlt hat. Vielleicht hat Ihr Partner Ihre Gefühle schon lange ignoriert oder sich emotional von Ihnen zurückgezogen. Nicht zuletzt sind es die Träume und Vorstellungen von einem Leben zu zweit, um deren Beschädigung man jetzt trauert.

DER WEG DURCH DIE TRENNUNG – TRENNUNGSPHASEN

TRENNUNGEN WERDEN ZUMEIST IN MEHREREN PHASEN ERLEBT, in denen wir Schritt für Schritt den Verlust akzeptieren und uns an das neue Leben gewöhnen. Die Phasen können, müssen aber nicht chronologisch aufeinander folgen. Man kann eine frühere Phase bei einem neuerlichen Anlass ein weiteres Mal erleben, etwa an »Jahrestagen« oder wenn man von einer neuen Beziehung des Expartners erfährt.

Die Phase »Ich will es nicht wahrhaben«

In dieser Phase wollen die meisten Menschen die Trennung nicht wahrhaben, sie leugnen oder ignorieren den Umstand einfach und tun, als würden sie ihr altes Leben weiterleben.

Flucht und Verleugnung der Trennung können sich in emsiger Betriebsamkeit oder auch in einem Zustand innerer Lähmung äußern. Beides kann umso heftiger auftreten, je überraschender es zur Trennung kam. Ignorieren und Verleugnen dieser Entscheidung wirken als Abwehr von Ängsten und Verzweiflung, sind als erste Reaktion jedoch hilfreich und normal.

Die Phase intensiver, widerstreitender Gefühle

Abgelöst wird die erste Phase häufig von einer Zeit großer, beinahe überbordender Gefühle, die sehr widersprüchlich sein können. Trauer, Wut, Verzweiflung, Niedergeschlagenheit, Ängste und Selbstzweifel können in wildem Wechsel auftreten. Manchmal kann die Trennung aber auch Euphorie auslösen, wenn man sich über die neu gewonnene Unabhängigkeit freut. Unter dieses Gefühl können sich Schuldgefühle mischen, da andere Familienmitglieder ja unter der Trennung leiden.

Im Vordergrund steht aber meistens die Trauer um den erlittenen Verlust. Trauer ist ein wichtiges Gefühl, während der wir uns aktiv mit dem Geschehenen auseinandersetzen, um es zu verarbeiten. Beim verlassenen Partner können sich dabei starke Protestreaktionen zeigen; er widerspricht der Trennung, wehrt sich dagegen, diskutiert, stellt die Trennung immer wieder infrage.

Sein ganzes Erscheinungsbild zeigt: Hier trauert ein Mensch. Körpersprache, Mimik, Gestik und Stimme signalisieren der Umgebung, dass hier jemand mit der Bewältigung einer sehr schwierigen Situation überfordert ist und Hilfe braucht. (Vergleichen Sie dazu, wie die Basisaffekte ausgedrückt werden auf S. 44.)

Die Trauer kann sich zudem in körperlichen Beschwerden bemerkbar machen. Vielleicht leiden Sie unter Schlafstörungen, Reizbarkeit, Kopfschmerzen, innerer Unruhe, oder Sie haben Schwierigkeiten, sich zu konzentrieren.

Mit der Zeit werden Sie das Geschehene jedoch realistischer einschätzen können. Sie werden erkennen, wo Sie Ihren ehemaligen Partner vielleicht auch aufgrund eigenen Wunschdenkens überschätzt und idealisiert haben. Und Sie werden über die Gründe für die Trennung nachdenken, auch wenn diese vielleicht nie vollkommen geklärt werden können. Im Lauf des

Trauerprozesses werden Sie mit der Zeit auch lernen, mit den damit einhergehenden anderen Verlusten fertigzuwerden, wie dem der gemeinsamen Zukunftspläne, der geteilten Verantwortung, des gemeinsamen Freundeskreises oder auch finanziellen Verlusten.

Die Phase »etwas Neues beginnt«

In dieser Übergangsphase beginnen sie, sich neu zu orientieren. Sie werden wieder neugierig auf das Leben, machen neue Pläne, nehmen Ihr Leben in die Hand. Die Stimmung kann in dieser Zeit immer wieder schnell und drastisch wechseln, von Optimismus und Freude zu Niedergeschlagenheit und Trauer – und umgekehrt.

Neue Kontakte entstehen, neue Rollenbilder und Möglichkeiten werden ausprobiert. Sie setzen sich mit dem auseinander, was durch die Trennung notwendig geworden ist, können daran auch persönlich wachsen und Ihre eigenen Stärken und Schwächen besser erkennen. Ihr Selbstvertrauen wächst wieder, ebenso wie Ihre Unabhängigkeit. Neue Ziele werden gesetzt. Keine Sorge, wenn Sie jetzt verunsichert sind – das ist bei allem, was jetzt auf Sie einstürmt, ganz normal.

Wieder im Gleichgewicht – die Stabilisierungsphase

Sie haben ihr inneres Gleichgewicht wiedergefunden. Ihr Leben hat sich gewandelt, Sie gehen neue Wege, haben alte Muster zum Teil abgelegt und handeln, denken und fühlen vielleicht anders. Die neuen Muster spielen sich ein, das Leben geht weiter.

DAS HILFT BEI DER BEWÄLTIGUNG IHRER TRENNUNG

▶ Gefühle akzeptieren: Eine Trennung ist ein wirklich schwerwiegendes Erlebnis. Es ist normal, wenn Sie in dieser Zeit intensive, einander widerstreitende Gefühle haben. Nehmen Sie sich Zeit und akzeptieren Sie das, auch wenn Sie aufgrund der Belastungen einmal aus dem Gleichgewicht geraten. Die dabei auftretenden körperlichen und emotionalen Reaktionen sind in dieser Zeit normal. Geben Sie sich selbst die Erlaubnis, auch diese komplizierten Gefühle auszudrücken. Gefühle, deren Existenz man zulässt und die man ausspricht, haben auch die Chance, wieder schwächer zu werden. Dann haben andere, positive Gefühle wieder eine Chance, wie Mut und Zuversicht für das künftige Leben.

Versuchen Sie herauszufinden, was Ihnen besonders guttut, um Ihre Gefühle auszudrücken: Mit Gleichgesinnten reden, malen, zeichnen oder schreiben, Sport – probieren Sie aus, was Ihnen wohltut!

▶ Liebevoll mit sich selbst umgehen: Auch wenn sich sonst niemand um Sie kümmert – seien Sie selbst diejenige, die das tut! Verwöhnen Sie sich zwischendurch mit kleinen Freuden, seien Sie für sich selbst da, auch wenn die Herausforderungen schier unbewältigbar erscheinen. Behandeln Sie sich selbst wie ein krankes Kind, dem man Gutes tut, damit es gesundet!

Unterstützung suchen und annehmen: Wenn es uns schlecht geht, brauchen wir liebevolle und verständnisvolle Unterstützung anderer Menschen. Bei Freunden oder Verwandten finden wir emotionalen Halt, wenn alles zusammenzubrechen scheint. Menschen, die zuhören, ohne zu werten oder Billigtrost zu verteilen, sind Gold wert.

Lernen Sie, Hilfe von anderen Menschen anzunehmen oder sie, wo nötig, aktiv zu suchen. In dieser Zeit werden Sie erkennen, auf wen Sie sich verlassen können.

Häufig ändert sich bei Trennungen auch der Freundeskreis. Nehmen

Sie dies als Chance, neue Kontakte zu knüpfen; vielleicht sind darunter Menschen, die bereits Ähnliches erlebt haben und Ihnen daher eventuell sogar als positives Vorbild dienen können.

Sie können sich auch professionelle Hilfe in Familienberatungsstellen oder bei einem erfahrenen Psychotherapeuten suchen. Die häufig nötige Wartezeit lohnt sich, weil Psychotherapie sehr wirksam ist. Hierfür entstehen Ihnen keine Kosten, weil die Krankenkassen die Kosten für eine psychotherapeutische Behandlung bei zugelassenen, seriösen Therapeuten übernehmen. Das ist allemal besser als der krankmachende und teure Griff zu Zigaretten, Alkohol oder Beruhigungsmitteln.

▶ Geben Sie sich selbst Zeit: Verurteilen Sie sich nicht dafür, wie es Ihnen jetzt geht und wie Ihre Lebensumstände gerade sind. Akzeptieren Sie, dass im Moment eben vieles anders läuft, dass Sie vielleicht Fehler machen oder in nicht so guter körperlicher Verfassung sind wie sonst. Vielleicht informieren sie auch Ihre Vorgesetzten, wenn es Probleme auf der Arbeit gibt und ein gutes Vertrauensverhältnis besteht. Auch Sie sind ein Mensch, keine Maschine, Sie brauchen die Zeit, die man nun einmal braucht, um sich auf die neue Lebensweise einzustellen. Langfristig wird es besser werden. Seien Sie geduldig mit sich selbst!

▶ Abschied nehmen: Nehmen Sie ganz bewusst Abschied von Ihrem Partner, von Ihrem bisherigen gemeinsamen Leben und von den damit verknüpften Hoffnungen und Gewohnheiten.

Denken Sie weniger an die Vergangenheit oder gar an Rache; hoffen Sie aber auch nicht auf Versöhnung. Machen Sie einen Schlussstrich unter das Vergangene.

Es kann auch sehr wirkungsvoll sein, Erinnerungen an den früheren Partner wegzuräumen und damit die Vergangenheit auch symbolisch zu »begraben«. Konzentrieren Sie sich von nun an auf Ihr eigenes Leben und Ihre persönliche Zukunft.

HABEN SIE SICH SCHON EINMAL GEFRAGT, warum Sie immer mit demselben Typ Mann unglückliche Beziehungen führen? Oder warum Ihre Partnerschaften auf immer die gleiche Weise schiefgehen?

Unsere Vaterbilder, die Erfahrungen mit dem eigenen Vater in unserer Kindheit beeinflussen auch die Partnerwahl. Die lebenslange Auswirkung des eigenen Vaterbildes ist eine oft verleugnete Realität. Eine konflikthafte Partnerwahl ist häufig mit dem persönlichen Männer- und Vaterbild verbunden. In der Zeit nach einer Trennung von einem Partner kann es deshalb besonders sinnvoll sein, sich einmal mit dem eigenen Vaterbild und den Kindheitserinnerungen an den Vater auseinanderzusetzen.

Aus der Enttäuschung durch die Trennung heraus verleugnen Mütter gern, wie bedeutend der Kontakt ihres Kindes zu seinem Vater ist. Hinter dieser mütterlichen Verleugnung und Ablehnung stecken oft aber schmerzliche Erinnerungen und Enttäuschungen durch den eigenen Vater.

Im *wir2*-Programm (www.wir2-bindungstraining.de) ermöglichen wir Müttern deshalb in Fantasiereisen und Rollenspielen einen Hinspür-Kontakt zum Vater ihrer Kindheit. Dabei können wir ihnen die Wichtigkeit der Beziehung des Kindes zu seinem Vater trotz eines Trennungskonflikts direkt emotional erfahrbar machen. Die Mütter erleben in der Erinnerung ihre eigenen auf den Vater bezogenen kindlichen Wünsche erneut und erkennen die emotionale Wahrheit, wie bedeutsam ihre – oft auch enttäuschende – Beziehung zu ihrem Vater war oder ist. Viele Frauen spüren, dass sie ihrem Kind den Kontakt zu ihrem Vater erschweren, damit sie selbst die Trauer und Enttäuschung über den eigenen Vater nicht spüren.

Lernen Sie zu akzeptieren, dass Ihr eigener Vater und das, was mit ihm möglich oder unmöglich war, emotional lebenslang in Ihnen wirken wird. Ihre eigenen, möglicherweise lange verdrängten kindlichen Wünsche an Ihren Vater und seine enttäuschenden, möglicherweise bedrohlichen Seiten können Ausgangspunkt für weitere Fragen sein, in denen Sie sich vielleicht wiedererkennen:

▶ Warum habe ich mir ausgerechnet diesen Mann als Partner ausgesucht?
▶ Warum gerate ich immer wieder an denselben Typ Mann, mit dem es mir nicht gut geht?
▶ Warum lasse ich mich von Wunschdenken leiten, wenn ich eine neue Partnerschaft eingehe?
▶ Warum sehe ich dann nicht genau hin, was für einen Mann ich wirklich vor mir habe?
▶ Warum glaube ich immer wieder in kindlichem Größenwahn, ich könnte ihn schon ändern, weil ich ihn ja so liebe?

Hinter der Wahl eines Partners, der den problematischen Eigenschaften des Vater aus der eigenen Kindheit ähnlich ist, steckt Wunschdenken: Viele Frauen verlieben sich stellvertretend in einen vaterähnlichen Mann, von dem sie sich womöglich sogar wieder misshandeln lassen. Aber diesmal, so die kindliche und leider vergebliche Hoffnung, wird alles gut gehen. Diesen Mann »werde ich ändern können, weil ich ihn so sehr liebe«. Eine selbstschädigende Partnerwahl ist also auch der vergebliche Versuch, sich im Nachhinein doch noch eine gute Vaterbeziehung frei von Misshandlung und kindlichen Schuldgefühlen zu erhandeln. Das jedoch ist zum Scheitern verurteilt.

Setzen Sie sich im Rahmen der Bewältigung Ihrer Trennung einmal intensiv mit Ihrem eigenen Vaterbild auseinander. Sie werden vielleicht überrascht sein, wie viele Gemeinsamkeiten Sie zwischen dem Verhalten Ihres Vaters und dem Ihres früheren Partners finden können. Auch dazu können Sie sich psychotherapeutischer Hilfe bedienen.

Lernen Sie, über in Ihrer eigenen Vaterbeziehung Nichterlebtes oder Negatives zu trauern. Mit den neu gewonnenen Einsichten steigt die Chance auf eine glücklichere Partnerwahl und auch auf einen pragmatischeren Umgang mit dem Vater Ihres Kindes, weil Sie immer weniger das Bedürfnis haben werden, diesen Kontakt abzuwehren.

Machen Sie dazu die Übung »Brief an den Vater« auf Seite 171.

ELTERNVERANTWORTUNG IST NICHT PAARKONFLIKT

HABEN SIE SICH AUCH VON IHREM PARTNER GETRENNT, so haben Sie doch weiterhin ein gemeinsames Kind und tragen gemeinsame Verantwortung dafür, auch wenn Sie als Mutter Alleinerziehende sind. Der Vater bleibt stets der Vater Ihres Kindes.

Kinder können auf die Belastungen durch die Trennung ihrer Eltern mit unterschiedlichen Symptomen reagieren: Körperliche Symptome sind etwa Bauchweh, Müdigkeit oder Kopfweh. Seelische Reaktionen können Angst, Wut, Traurigkeit sein oder auch Schuldgefühle, wenn sie denken, sie selbst seien für die Trennung mit verantwortlich. Kinder geraten dadurch in große innere Konflikte, weil sie keinen Elternteil verlieren wollen. Mitunter sind sie zu Hause besonders brav und draußen aggressiv. Manche Kinder klammern – je nach Bindungsmuster – auch besonders stark in dieser Situation.

Auch wenn Sie Ihrem Partner gegenüber – möglicherweise zu Recht – negative Gefühle haben, trennen Sie unbedingt Ihren Konflikt mit dem Expartner von der Verantwortung für Ihr Kind.

Fragen Sie sich einmal: Was könnte ich, was könnten wir als Eltern dazu tun, dass unser Streit uns nicht die gemeinsame Verantwortung für unser Kind vergessen lässt?

Sie können Ihr Kind auf vielerlei Weise dabei unterstützen, diesen Einschnitt besser zu verarbeiten.

▶ Tragen Sie Konflikte mit Ihrem (Ex-)Partner möglichst nicht im Beisein Ihres Kindes aus, da dies besonders negative Auswirkungen haben kann.

▶ Vermeiden Sie, Ihr Kind auf Ihre Seite ziehen zu wollen. Stellen Sie den Expartner gegenüber dem Kind nicht schlecht dar und werten Sie ihn auch nicht ab. So bekäme Ihr Kind das Gefühl, es müsse sich für einen Elternteil entscheiden, dürfe nur zu einem Elternteil halten, es liebt Sie aber auch nach einer Trennung beide. Auch wenn solche Reaktionen aus einem Gefühl von Verletzung und Verzweiflung entstehen – versuchen Sie, diese zu vermeiden, es kommt nichts Gutes dabei heraus.

▶ Mutter und Vater beide als Vorbilder akzeptieren: Dies ist für Jungen wie Mädchen wichtig, um sich in ihrer späteren Rolle als Mann oder Frau zurechtfinden zu können. Vor allem, wenn Sie einem Jungen gegenüber den Vater als negatives Vorbild darstellen, kann er Angst bekommen, selbst so zu werden, und ist zutiefst verunsichert in seinem Verhalten und in seinem Selbstwertgefühl. Bei Mädchen wiederum ist ein männliches beziehungsweise väterliches Vorbild wichtig für den späteren Umgang mit dem anderen Geschlecht.

▶ Erlauben Sie Ihrem Kind, alle seine Gefühle auszudrücken. Vermeiden Sie jede Bestrafung dafür und ermöglichen Sie ihm stattdessen konstruktive Ausdrucksmöglichkeiten auch für Zorn wie Fußballspielen oder Malen oder für die Traurigkeit, indem es vielleicht mit Puppen oder Stofftieren Theater spielt. (Vergleichen Sie dazu den Umgang mit kindlichen Gefühlen ab Seite 41.)

▶ Vermitteln Sie Ihrem Kind Sicherheit, Zärtlichkeit und Zuneigung. Auch wenn es sich in seiner Verzweiflung oder inneren Zerrissenheit einmal wütend oder ungesteuert verhält. Zeigen Sie danach bei einer günstigen Gelegenheit Verständnis. Nehmen Sie sich regelmäßig Zeit für gemeinsame Gespräche, Gutenachtgeschichten oder körperliche Aktivitäten.

▶ Feste Tagesabläufe ermöglichen es Ihrem Kind, sich auf die neue Situation einzustellen.

▶ Unterstützen Sie den Kontakt Ihres Kindes zu seinem Vater, zum Beispiel indem Sie es bei einem Telefonanruf unterstützen. Gibt es nur sporadischen Kontakt oder immer wieder Absagen des Vaters, so werten Sie den Vater gegenüber Ihrem Kind trotzdem nicht ab. Machen Sie Ihr Kind auch nicht zum Spion in Bezug auf die neuen Lebensumstände Ihres Expartners!

▶ Wenn Ihr Kind Fragen stellt: Antworten Sie, seinem Alter entsprechend, mit klaren und konkreten Worten.

▶ Wenn Ihr Kind sich selbst Mitschuld an der Trennung gibt, versichern Sie ihm, dass dies nicht der Fall ist!

▶ Suchen Sie jemanden, mit dem Sie über alles reden können: Eine Freundin, wohlmeinende Verwandte oder auch professionelle Beratung.

Natürlich sind auch hier wieder »Rückfälle« und Pannen erlaubt, es kommt vor allem auf Ihre elterliche Haltung Ihrem Kind gegenüber an. Ihr Kind wird Ihnen hierfür später, wenn es selber erwachsen ist, sehr dankbar sein.

FAST ALLE ALLEINERZIEHENDEN FRAUEN WÜNSCHEN SICH irgendwann wieder eine neue Partnerbeziehung. Was geschieht, wenn Sie sich neu verlieben? Die Entscheidungsspielräume sind in den letzten Jahrzehnten größer geworden, Patchwork-Familien keine Seltenheit mehr. Die Entscheidung für oder gegen eine neue Partnerschaft können aber nur Sie alleine treffen. Wer zu einem passt oder auch nicht, zeigt sich nur im Einzelfall. Was macht eine Partnerschaft stabiler – wenn sich »Gleich zu Gleich gesellt« oder wenn sich »Gegensätze anziehen«? Viele Forschungen deuten darauf hin, dass die Stabilität einer Partnerschaft steigt, je mehr Gemeinsamkeiten die Partner aufweisen, etwa in Bezug auf Herkunft, Bildung, finanzielle Verhältnisse, allgemeine Einstellungen zum Leben oder auch Persönlichkeitsmerkmale.

Als Alleinerziehende sind Sie beim Thema Partnerwahl in einer besonderen Situation. Größerer Selbstständigkeit und Freiheit in Bezug auf nötige Entscheidungen, die Sie allein treffen können, stehen oftmals Einsamkeit und Alleinverantwortlichkeit gegenüber. Die Sehnsucht nach einer neuen Partnerschaft kommt zumeist erst nach der Verarbeitung einer Trennung auf.

Für eine neue Partnerschaft ist es sinnvoll, frühere Partnerschaften noch einmal Revue passieren zu lassen, um zu erkennen, was Sie daraus lernen können und was Sie in Zukunft anders machen möchten. Fragen Sie sich einmal:

▶ Sind sich meine früheren Partner ähnlich? Worin zum Beispiel?
▶ Was wünsche ich mir von einer Beziehung, welche Bedürfnisse habe ich in einer Partnerschaft?
▶ Was möchte ich auf jeden Fall vermeiden?
▶ Was war meine Rolle in bisherigen Beziehungen?

Von Ihren Erkenntnissen können Sie für künftige Partnerschaften lernen, Ihre Wünsche und Bedürfnisse noch besser zu erkennen und sie nach Möglichkeit umzusetzen, um nicht neuerlich enttäuscht zu werden. Auch dabei kann eine Psychotherapie helfen.

SICH SELBST SCHÄTZEN LERNEN – SELBSTWERTGEFÜHL ALS MUTTER

WIE GUT WIR MIT KRISEN UMGEHEN KÖNNEN, hängt auch von unserem Selbstwertgefühl ab. Trennungen stellen eine große Herausforderung dar, sie verletzen, bringen unser Selbst- und unser Weltbild ins Wanken und können wie eine Kritik an unserem ganzen Wesen wirken. Jetzt hängt es davon ab, wie gut unser Selbstwertgefühl nun ist.

Selbstwertgefühl speist sich aus unserer Kindheit und der Art, wie liebevoll oder ablehnend damals mit uns umgegangen wurde. Daraus entstand das Bild, das wir heute von uns haben. Manche Menschen haben daraus ein sicheres und positives Selbstwertgefühl aufgebaut. Sie schätzen sich und verhalten sich selbst gegenüber liebevoll, selbst dann, wenn jemand Kritik an ihnen übt oder etwas im Leben einmal nicht so gelingt wie gewünscht.

Andere Menschen haben ein negatives und unsicheres Selbstwertgefühl. Sie halten nicht viel von sich selbst, trauen sich wenig bis gar nichts zu und sind von der Kritik anderer Menschen tief verletzt. Sie sagen Dinge wie: »Auf mich kommt es ja nicht an« oder: »Ich habe es nicht besser verdient.«

Das Selbstwertgefühl beinhaltet zweierlei: Das sogenannte wirkliche Selbst ist das Bild, das wir uns von uns selbst machen, so, wie wir all unsere Eigenschaften, Vorlieben oder Abneigungen sehen.

Das sogenannte Wunsch-Selbst hingegen ist unser Wunschbild von uns selbst. Häufig ist es das Bild, das unsere Eltern oder andere wichtige Menschen in der Kindheit von uns geprägt haben, wie sie uns gern gehabt hätten. Das Wunsch-Selbst drückt später unsere Sehnsucht aus, wie wir gern wären: klüger, schöner, talentierter oder erfolgreicher, als wir es tatsächlich sind. Es beinhaltet alle jene Eigenschaften, die wir uns wünschen, um mit uns selbst zufrieden sein zu können. Es beinhaltet aber auch die heimlichen Hexenbotschaften und (Selbst-)Vorwürfe des Ungenügens und Versagens.

Menschen mit positivem Selbstwertgefühl unterscheiden sich von jenen mit negativem Selbstwertgefühl im Verhältnis des wirklichen Selbst zum Wunschbild. Bei Menschen mit positivem Selbstwertgefühl unterscheiden sich die beiden Bilder meist nur wenig oder fast gar nicht. Bei Menschen mit negativem Selbstwert-gefühl hingegen unterscheidet sich das Wunsch-Selbst stark vom realen Selbst, und sie leiden darunter.

Um Ihr Selbstwertgefühl zu steigern, können Sie an beiden Bildern ansetzen. Nehmen wir beispielsweise an, jemand hat ein Wunschbild von sich selbst mit großem Haus, viel Geld und einer großartigen Familie. In der Realität ist er jedoch geschieden, hat nie viel Geld verdient und wohnt daher bescheiden.

Was könnte diese Person unternehmen, um zu einem besseren Selbstwertgefühl zu gelangen?

▶ Sie könnte in der Wirklichkeit ansetzen: Sie könnte weiterhin mit aller Macht dafür kämpfen, einen lukrativen Job zu finden, dabei Geld zu verdienen und sich anschließend ein großes Haus zu kaufen, wodurch sich dann vielleicht auch Möglichkeiten für eine neue Partnerschaft finden, und so darauf hoffen, sich dann selbst mehr zu mögen.

▶ Oder sie könnte das Wunsch-Selbst hinterfragen: Ist es wirklich so wichtig, ein großes Haus und viel Geld zu haben? Brauche ich das, um glücklich zu sein? Brauche ich das, um eine Familie zu gründen? Sind diese Dinge so wichtig? Müssen es wirklich diese Ziele sein? Oder können es auch andere sein? Und wie kommt es überhaupt, dass ich solche Dinge von mir denke?

Hinter unserem Selbstwertgefühl verbergen sich jedenfalls frühe Erfahrungen in unserer Kindheit und wie wir damals Beziehungen erlebt haben. Die Art und Weise, wie Eltern und andere Bezugspersonen sich uns gegenüber verhalten haben, prägt unser Selbstwertgefühl, es hängt ebenfalls davon ab, wie feinfühlig unsere Bedürfnisse befriedigt wurden (weder zu schwach noch zu stark).

Da Kinder in ihrer ersten Lebensphase sich selbst noch nicht als von der Mutter getrenntes, eigenständiges Lebewesen erleben, hängt späterhin das Selbstwertgefühl auch davon ab, welches Bild von uns selbst uns die Mutter oder andere Bezugspersonen gespiegelt haben. All das ist maßgeblich für das sogenannte Urvertrauen, auf dessen Basis sich ein positives Selbstwertgefühl aufbauen kann.

TROTZDEM:
ES IST NIE ZU SPÄT FÜR EIN BESSERES
SELBSTWERTGEFÜHL

AUCH WENN DER GRUNDSTEIN FÜR UNSER SELBSTWERTGEFÜHL in der Kindheit gelegt wird, können Sie auch noch heute Ihr Selbstvertrauen verbessern. Sie können dazu über die Fragen zu Wunsch-Selbst und realem Selbst wie beschrieben nachdenken und eigene Antworten finden.

Vielleicht müssen Sie beispielsweise nicht die vermeintliche perfekte Mutter sein, wie die Bilder Ihrer eigenen Eltern das suggerieren? Vielleicht können Sie sich stattdessen einige konkrete Veränderungen vornehmen, wie Sie mit Ihrem Kind einfühlsam zusammenleben können? So können Sie Ihr Wunschbild Ihrem wirklichen Selbst immer mehr angleichen.

Seien Sie weniger streng mit sich, loben Sie sich auch mal, auch für kleinere Erfolge, nicht erst bei großen Fortschritten. Registrieren Sie den Giftzwerg auf Ihrer Schulter, der Ihnen mit negativen und herabsetzenden selbstbezüglichen Kommentaren flüsternd die Lebensfreude an sich selbst verdirbt. Und lassen Sie sich wenigstens mal zur Probe auf den Gedanken ein, dass dieser Giftzwerg ein später Wiedergänger der schwierigen Seiten Ihrer Eltern darstellt, an dem Sie selbst aber aus kindlicher Treue zum Schlechten festhalten, anstatt ihn wegzukicken oder ihm den Mund zu verbieten. Zudem können Sie auch als Erwachsene von einer Therapie profitieren, wenn Sie das Thema zu sehr belastet.

Machen Sie zu diesem Thema die Übung »Ihre Sonnenseiten« auf Seite 142 und die Übung zum »Selbstwertgefühl: So werden Sie als Mutter stark« auf Seite 163, bei denen Sie Ihre positiven Seiten erleben und stärken können!

KAPITEL 5
FALLBEISPIELE AUS DEM ALLTAG
ALLEINERZIEHENDER

IN DEN FOLGENDEN FALLBEISPIELEN FINDEN SIE einige Situationen, mit denen Alleinerziehende häufig zu tun haben, aber auch einige besonders belastete Frauen, die eine Beratungsstelle aufgesucht hatten. Es handelt sich hier sicher um schwierige Situationen, die keineswegs verallgemeinert werden sollten. Trotzdem kann es sein, dass Sie in der einen oder anderen Begebenheit oder Konstellation Dinge entdecken, die Ihnen in irgendeiner Weise auch bekannt sind.

Viele alleinerziehende Mütter erzählen etwa, dass sie sich kaum zu helfen wissen und sich sehr alleingelassen fühlen, wenn ihr Baby stundenlang schreit. Andere haben das Problem, dass sich ihre Tochter nach einer Trennung der Eltern stark von ihnen zurückzieht und nicht mehr mit ihnen spricht oder dass ihr Sohn plötzlich aggressiv wird und als Miniatur-Macho die Familie terrorisiert. Und was passiert eigentlich, wenn beide Elternteile um die gemeinsamen Kinder wetteifern?

Alle Verhaltensweisen in den geschilderten Beispielen sind normale Reaktionen auf belastende Situationen, die für das Kind durch die Trennung seiner Eltern und damit einhergehende Veränderungen wie Wohnungs- oder Schulwechsel entstehen.

Anhand der hier geschilderten Fallbeispiele von sehr belasteten Müttern und anhand der Kommentare erfahren Sie, was sich in einer konkreten Situation bei Ihrem Kind abspielt, welche Muster und Gefühle dahinterstecken können und wie Sie eine ähnliche Situation in Zukunft besser meistern können.

TIPP Lassen Sie anhand der Fallbeispiele eigene ähnliche Herausforderungen in Ihrem Alltag Revue passieren. Anhand der Analysen können Sie herausfinden, was eventuell bisher falsch gelaufen ist und wie Sie ähnliche Situationen in Zukunft geschickter und einfühlsamer meistern können. Das bietet Ihnen die Chance, Ihren Alltag in Zukunft mit Ihrem Kind entspannter und zufriedener zu genießen.

FALL 1: NEUROTISCHE PARTNERWAHL DURCH VATERSUCHE

Frau K., eine 36-jährige Politologin mit einer eineinhalbjährigen Tochter, lebt alleinerziehend mit dieser zusammen. Ihr türkischstämmiger 50-jähriger Mann, ein promovierter Akademiker im höheren Dienst, habe sie kurz nach der Geburt der Tochter aufgrund unterschiedlicher Vorstellungen in Bezug auf das gemeinsame Familienleben verlassen. Dies sei ihre erste Beziehung gewesen, in der sie sich mehr Unterstützung und Gleichberechtigung gewünscht habe, während ihr Mann hauptsächlich

Anpassung an seine Familie und seine Vorstellungen erwartete. Frau K. kommt selbst aus einer Trennungsfamilie, in der die Mutter, als sie selbst zwei Jahre alt gewesen sei, den deutlich älteren Vater verlassen habe. Ihr Vater habe zwar wieder geheiratet, habe sich aber nie, genauso wenig wie die Stiefmutter, für sie interessiert oder sie unterstützt. Auch zur leiblichen Mutter habe sie seit der Trennung kaum mehr Kontakt gehabt.

Nach ihrer eigenen Trennung fühle sich Frau K. aufgrund der Verantwortung, die jetzt auf ihr laste, häufig überfordert und erschöpft. Von ihrem ehemaligen Partner und ihrer Familie erhalte sie wenig Unterstützung und merke, dass sie sich auch von Freunden immer mehr zurückziehe. Hinzu kämen auch die finanziellen Sorgen und die Notwendigkeit, an allen Ecken und Enden sparen zu müssen. Besonders bedrückt sie der Gedanke, aus Geldnot sogar in eine kleinere Wohnung ziehen zu müssen. Alle ihre bisherigen Bemühungen, eine passende Teilzeitstelle zu finden, seien bisher fehlgeschlagen. Sie habe nur Absagen bekommen, weil niemand eine Alleinerziehende mit kleiner Tochter einstellen wolle. Zudem mache sie sich große Sorgen, ob sie einen Arbeitsalltag mit den Pflichten einer Mutter überhaupt vereinbaren könne.

KOMMENTAR AUS SICHT DES THERAPEUTEN:

Frau K. hat offensichtlich zu recht spätem Zeitpunkt und mit starkem Kinderwunsch geheiratet. Ihr Ehemann, deutlich älter, wurde nach den Gesichtspunkten Väterlichkeit und Versorgungssicherheit ausgewählt, wahrscheinlich mit eigenen Versorgungswünschen und Wünschen nach einem idealisierten Partner, der mit Aspekten des in der Kindheit verlorenen Vaters ausgestattet wurde. Sehr wahrscheinlich hat Frau K. also aus eigener Bedürftigkeit (Kinderwunsch, Suche nach ihrem eigenen Vater) bei ihrer Partnerwahl nicht ganz genau hingeschaut. Sie schildert auch, dass das ihre erste Beziehung gewesen sei. Auch hier ein möglicher

Hinweis auf eine noch ungelöste loyale Anbindung an die Mutter, die selbst verlassen wurde, als Frau K. zwei Jahre alt war. Dies alles sind Hinweise darauf, dass sie es schwer gehabt hat, zu sich zu finden, ihren eigenen Weg zu entdecken, sich unabhängig vom inneren Bild der bedürftigen Mutter zu getrauen, ihre eigenen Lebenswünsche zu erspüren und zu realisieren.

All diese unbewussten Hemmungen und Motive sind so in die späte Partnerwahl eingeflossen, dass sie die eigene Agenda und die eigenen familiären Delegationen ihres späteren Ehemannes nicht zur Kenntnis nehmen konnte, also »bedürftigkeitsblind«, in einem »Wunschmodus« einen Partner gesucht, gefunden und geheiratet hat. Sehr schnell kam es dann zu einer Enttäuschung, zu Desillusionierungen, als deutlich wurde, in welchen familiären Traditionen der Ehemann verhaftet war; die jeweilige Bedürftigkeit und die unbewussten Identifikationen mit den Aufträgen und Konflikten der jeweiligen Herkunftsfamilien, die zwischen den Partnern offensichtlich nicht empathisch kommuniziert und verstanden werden konnten, führten dann zum Beziehungsbruch.

Das bedeutet, nicht nur die objektiv schwierige Situation nach der Trennung (zeitliche Alleinverantwortung, wirtschaftliche Nöte), sondern auch das Scheitern der unbewussten Lebenspläne und Lebenswünsche (endlich eine Trennung von der eigenen Mutter, endlich ein Wiederfinden des eigenen Vaters, endlich die Realisierung des eigenen Kinderwunsches und die dahinterstehenden Versorgungswünsche), also ein Scheitern durch eine neurotische (das heißt aus kindlichen Motiven und Konflikten heraus erfolgende) Partnerwahl führen jetzt zu der tiefen Enttäuschung und Niedergeschlagenheit von Frau K. Dazu kommt, dass auch objektive Belastungen durch zu geringe finanzielle Unterstützung des Partners und der eigenen Familie die Situation weiter erschweren.

Verbunden damit ist der Bruch der gesamten Lebenssituation; das alles hat zu einer deutlich ausgeprägten depressiven Verstimmung geführt. Kurzfristige Hilfen könnten beispielsweise das Jugendamt durch Unterhaltsvorschuss und frühe Familienhilfen oder andere staatliche Stellen geben.

Darüber hinaus ist gerade jetzt die Unterstützung der eigenen Familie vonnöten; eine empathische Mutter wäre von großer Bedeutung. Eine Mutter, die ihrer Tochter Vorwürfe macht, sie sei selbst Schuld am Scheitern ihrer Partnerschaft und für die Folgen selbst verantwortlich, ist sicher keine große Hilfe. Einer solchen Mutter sollte Frau K. klar machen, dass deren übergriffige Bevormundung, die möglicherweise seit der Kindheit läuft und die auch dazu geführt hat, dass Frau K. ihren eigenen Kinderwunsch erst so spät realisieren konnte, nun endlich ein Ende hat.

Frau K. sollte versuchen, sich von dieser Mutter, so weit es irgend geht, freizumachen. Neben den sozialen und wirtschaftlichen Unterstützungsmaßnahmen wäre es sinnvoll, in Erwägung zu ziehen, psychotherapeutische Hilfe zu suchen. Sollte der Alltag nicht mehr zu bewältigen sein, kommt auch eine stationäre Behandlung in einer speziellen psychosomatischen Klinik, wo es für alleinerziehende Mütter ein Mutter-Kind-Programm gibt, infrage.

Frau K. wird, sollte sie eine Psychotherapie machen, aller Voraussicht nach die Erfahrung machen, dass schon allein ein offenes Gespräch über die eigenen Gefühle, über die eigenen Probleme, auch über die Entstehung und die Entwicklung dieser Probleme eine entlastende Wirkung hat. Bereits nach wenigen Sitzungen stellt sich erfahrungsgemäß eine Besserung der Beschwerden dar, auch eine Stimmungsverbesserung tritt häufig schon bald ein. Das jedoch ist erst die Voraussetzung dafür, die eigentlichen Ursachen aufzuspüren. Frau K. wird sich damit auseinandersetzen müssen, wie es dazu kommen konnte, dass sie eine so unpassende, dysfunktionale Partnerwahl getroffen hat, warum sie sich von ihrer Mutter mithilfe des Vaters zu trennen suchte, um den idealisierten, rettenden Vater in der Gestalt des Partners endlich zu finden, also ihren eigenen kindlichen Motive bei der Partnerwahl nachzuspüren. Durch das Bewusstmachen dieser Hintergrundkonflikte hat Frau K. die Chance, sich neu zu orientieren. Dazu wird es aber nötig sein, realistisch zu sehen und zuzugeben, wie sie sich jahrelang von der depressiven eigenen Mutter vereinnahmen ließ und wie der ihr in der Kindheit fehlende Vater im nun gefundenen Ehepartner quasi wiedererstehen sollte. Dieser Prozess wird schmerzhaft sein, weil die Aufrechterhaltung von Illusionen über das Vergangene auch die Funktion hat – beispielsweise durch eine neurotische Partnerwahl –, nicht erfüllte Kinderwünsche und nicht erfüllte Kindersehnsüchte samt der Wut auf die Mutter nicht in ihrem ganzem Ausmaß emotional spüren zu müssen.

FALL 2: VERGIFTETE ABHÄNGIGKEIT VON DEN ELTERN

Frau P., eine 42-jährige Stewardess, seit zehn Jahren geschieden, lebt mit ihrem in der Schule und zu Hause schwierig werdenden 16-jährigen Sohn und ihrer elfjährigen Tochter in einer Wohnung im Wohnhaus ihrer Eltern. Die Trennung sei damals sehr unschön verlaufen und sie habe den Kontakt mit ihrem ehemaligen Ehemann auf das Notwendigste reduziert. Um eine neue Partnerschaft habe sie sich nie mehr bemüht, sie habe die »Nase voll davon« und käme gut allein zurecht. Sie selbst sei Einzelkind gewesen und immer sehr leistungsorientiert erzogen worden. Ein »Ich habe dich lieb« habe Frau P. von ihren Eltern nie gehört; Zuwendung erhielt sie jedoch durch oberflächliches Funktionieren. Wenn ihre Eltern, heute im Rentenalter, ihr je etwas Positives gesagt hätten, dann häufig mit giftigem Unterton, wie beispielsweise: »Heute siehst du ja mal gut aus.« Aufgrund der räumlichen Nähe belastet Frau P. auch heute noch all das sehr.

Andererseits sei sie froh, dass ihre Eltern sie doch häufig unterstützt hätten, wenn es um die Betreuung der Kinder gegangen sei, weil sie ansonsten ihre Rolle als alleinerziehende Mutter nur schwer mit ihrer Halbtagsstelle als Stewardess, die große Flexibilität verlangte, hätte vereinbaren können. Frau P. berichtet, in den Jahren nach der Trennung phasenweise immer wieder niedergeschlagen und deprimiert gewesen zu sein, jedoch sei es ihr dann aus eigener Kraft immer wieder gelungen, das zu überwinden. Erst seit einigen Jahren bemerke sie, dass sie ihren Alltag ohne Unterstützung nur noch sehr schwer bewältigen könne und häufig unter innerer Unruhe, manchmal auch Herzrasen und Stimmungsschwankungen leide. Jetzt habe sie sich zu einer Psychotherapie entschlossen.

KOMMENTAR AUS SICHT DES THERAPEUTEN:

Frau P. ist relativ jung Mutter geworden, hat sich jedoch nach wenigen Jahren vom Vater ihrer Kinder getrennt. Seitdem hatte sie keine weiteren Beziehungen. Mit dem Vater der Kinder besteht weiterhin eine hochstrittige Nichtbeziehung, was besonders für den in der Spätpubertät befindlichen Sohn ein großes Problem darstellen könnte, da Söhne in dieser Phase zur Erlangung und Festigung einer männlichen Identität sehr abhängig von männlicher Präsenz, von Vorbildern und glaubwürdigen, väterlichen Autoritäten sind.

Die Beziehung von Frau P. zu ihren eigenen Eltern ist in erster Linie von Anpassung und braver Leistungserbringung gekennzeichnet. Sie war Einzelkind, wurde möglicherweise nicht geliebt, sondern sehr leistungsorientiert erzogen, und, wie sie selbst erkannt hat, musste sie sich »vergiftete« Zuwendungen durch immer neue Anpassungsleistungen an die elterlichen Forderungen erkämpfen. Daran hat sich im Prinzip bis heute nichts geändert. Frau P. unterwirft sich in weiten Bereichen noch immer ihren Eltern. Sie kämpft weiterhin darum, so akzeptiert und geliebt zu werden, wie sie ist. Das heißt, in ihren kindlichen Bedürfnissen, in ihren emotionalen Befindlichkeiten sich endlich angenommen zu fühlen. Diese weiter bestehende, ungesunde Elternbindung und die damit verbundene fehlende Ermutigung, ein eigenes Leben zu führen, ist mit großer Wahrscheinlichkeit auch Ursache der psychosomatischen Störungen, die sie schildert. Sie ist bis heute unsicher, ob sie ihren Gefühlen vertrauen, ihren Bedürfnissen folgen darf, sich auch von ihren Eltern trennen darf, ohne je deren Liebe gespürt zu haben. Insofern wird sie für ihren Ehemann innerlich nicht wirklich frei gewesen sein und dementsprechend will sie auch in Zukunft mit Männern nichts mehr zu tun haben. Sie konzentriert sich nun auf ihren Beruf, der zwar interessant, aber doch auch mit Illusionen von Freiheit und Abenteuer aufgeladen und wenig alltagstauglich scheint. Deshalb ist sie weiterhin auch objektiv auf ihre Eltern angewiesen.

In der nun begonnenen Psychotherapie wird sie sich mit eben diesen Inhalten auseinandersetzen müssen. Sie wird feststellen, wie schwach ihr Selbstwertgefühl ausgeprägt ist, wie sehr sie immer noch um die Wertschätzung ihrer Eltern ringt, und verstehen, warum sie diesen neurotischen »Kampf« geführt hat. Dies alles wird sehr traurig und schmerzhaft sein, ist jedoch die Voraussetzung dafür, dass sie sich als Frau den Männern doch einmal etwas liebevoller und weniger gekränkt und vorwurfsvoll wird zuwenden können.

Vor allen Dingen wird sie jedoch zu lernen haben, ihre partner-schaftsbezogenen und emotionalen Wünsche nicht unbewusst an ihren 16-jährigen Sohn zu adressieren, der sich ja gerade im jung-machohaften Krawallmodus von ihr lösen möchte – etwas, das Frau P. ja in Bezug auf ihre eigenen Eltern bis heute nicht möglich war. Das gilt im Prinzip natürlich auch für die elfjährige Tochter, die von Frau P. ebenfalls nicht in dieser Weise benutzt werden sollte. Wenn es Frau P. gelingt, ihren Kindern die Freiheiten zu gewähren, die sie selbst in ihrer Elternbeziehung nicht erfahren durfte, ist es vielleicht möglich, diese intergenerationale Abfolge von Lieblosigkeit zu unterbrechen.

Auch aus Verantwortung für ihre Kinder hat sie ja eine Thera-pie begonnen, und vielleicht versetzt diese sie in die Lage, dass sie ihren Kindern gegenüber deren Vater nicht schlecht macht, sondern ihnen vermittelt, dass zwar ihre Liebesbeziehung geschei-tert sei, sie beide jedoch versuchen werden, ihren Elternpflichten nachzukommen.

FALL 3: ICH KANN NICHT ZEIGEN, WAS ICH BRAUCHE

Frau S., 43 Jahre alt, berichtet über ihre Trennung von ihrem berufs-tätigen Ehemann nach acht Jahren. Sie habe ein siebenjähriges Mädchen und einen einjährigen Jungen. Ihr ehemaliger Partner sei fünf Jahre älter als sie und bis zu seinem 40. Lebensjahr Single gewesen. Heute, so berichtet sie, wisse sie, dass es mehr eine Vernunfts- als eine Liebesheirat gewesen sei. Nach der Heirat, besonders nach dem zweiten Kind, das im Nachhinein aus ihrer Sicht wohl eher ein Rettungsversuch ihrer Ehe gewesen sei, habe sie sich von ihrem Mann immer mehr abgewertet gefühlt, sie sei für ihn nur noch Mutter und Hausfrau gewesen. Nach und nach habe sie sich innerlich von ihm immer weiter distanziert, sei immer kränker geworden, sei, ohne es zu merken, immer tiefer in eine schwere Depression gerutscht, habe kaum noch etwas essen können und sei immer dünner geworden. Sie habe sich leer gefühlt – wie tot. Besondere Schuldgefühle habe sie gehabt, weil auch ihr jüngstes Kind, zu jener Zeit neun Monate alt, nichts mehr aß.

Ihr Mann habe dies alles weder bemerkt, noch habe es ihn interessiert. Immer häufiger kam es zu Streitereien um Geldausgaben. Sie habe vor der Frage gestanden: Trennung oder krank bleiben? Sie habe sich für Trennung entschieden. Ihr Mann habe ihr dann große Vorwürfe gemacht, ihr vorgehalten, worauf er alles verzichtet habe – für sie und die Kinder. In dieser Situation habe ihr jedoch ihre Familie zur Seite gestanden, insbesondere ihr Vater.

KOMMENTAR AUS SICHT DES THERAPEUTEN:

Frau S. schildert ausführlich die Geschichte des Scheiterns ihrer Ehe. Als Mittdreißigerin mit starkem Kinderwunsch, aber eher ohne Verliebtheit oder gar Liebe habe sie eine Versorgungsehe mit einem älteren Mann geschlossen, der erst im Alter von 40 Jahren seine erste längere Beziehung zu einer Frau eingegangen war. Wahrscheinlich hat sich dieser beziehungsängstliche Mann nun in seiner Ehe wie in einem Käfig gefangen und zum Versorger seiner Frau degradiert gefühlt. In der Ehe konnte keine Liebe wachsen, sie war lediglich eine Wirtschaftsgemeinschaft. Frau S. verkümmerte emotional und war nicht in der Lage, ihre Bedürfnisse ihrem Ehemann gegenüber zu äußern.

Möglicherweise ist sie unbewusst davon ausgegangen, er müsse ihre Bedürfnisse doch spüren, wie das ihr Vater immer gespürt habe. Sie war nicht in der Lage, sich vorzustellen, wie sie mit ihrer auf Vernunftgründen beruhenden Eheschließung auf ihren Ehemann gewirkt hat, nämlich wie eine schweigende aber fordernde Mutter. Dass sie sich das alles nicht vorstellen konnte, liegt an ihrem eigenen Selbstbild, wo ein Vater, der seiner Tochter alle (seine?) Wünsche erfüllt, eine große Rolle spielt. Aus Versorgungs-gründen hat sie sich nun auf ein Ehe-Arrangement eingelassen, in dem ihre Initiative und Lebensgeister verkümmerten, und zwar so weitgehend, dass die Kinder, insbesondere das jüngste Kind, wie die Mutter auch an Depressionen litt.

Das passiert nicht selten, weil Kinder die Eltern genau beob-achten. Ein Kind, das mitbekommt, dass es der Mama schlecht geht, bekommt selbst Angst, aber scheut sich, dies der Mutter zu zeigen. Die Botschaft heißt somit: »Mama, ich merke, dass es dir schlecht geht, und ich möchte dich nicht noch mehr belasten.« Wenn das alles den Ehemann nicht interessiert, stimmt etwas sehr Fundamentales nicht in dieser Familie. Es wäre daher sinnvoll gewesen, die ganze Familie hätte eine Beratungsstelle aufgesucht oder eine Familientherapie gemacht.

Frau S. hat sich jedoch erst spät aus dieser krankmachenden Situation gelöst und es ist positiv, dass sie zunächst in ihrer Herkunftsfamilie verständnisvollen Halt gefunden hat. Das ist nicht immer der Fall. Auch könnte Frau S. sich entspannenden Freizeitaktivitäten widmen, eventuell in einer Gruppe, vielleicht mit anderen Familien oder auch mit anderen Alleinerziehenden und deren Kindern. Sie könnte sich aber auch eine Teilzeittätigkeit suchen, sich neuen Herausforderungen stellen und sich selbst erproben, auch außerhalb ihrer Herkunftsfamilie. So könnte Frau S. versuchen, stabiler, selbstbewusster zu werden, ihre aus-geprägte Schweigsamkeit und ihre damit verbundenen offensiven und aggressiven Hemmungen zu überwinden. Sollte dies gelingen, käme es auch den Kindern von Frau S. zugute.

FALL 4: MEINE SCHULD?

Frau Sch., 32 Jahre alt, hat zwei Kinder, einen Jungen im Alter von fünf und ein Mädchen im Alter von acht Jahren. Das Schlimmste an ihrer Trennung sei gewesen, als ihr Mann, der Vater der beiden Kinder, plötzlich, ohne Ankündigung oder irgendeinen Kommentar, ausgezogen sei. Sie habe die Kinder von den Großeltern abgeholt und als sie nach Hause gekommen sei, habe er seine Sachen abgeholt und sei gegangen. Sie sei noch immer verzweifelt und wütend darüber und frage sich bis heute, was sie nicht bemerkt oder falsch gemacht habe. Die Kinder hätten viel geweint und Fragen gestellt, die sie aber nicht habe beantworten können. Sie habe versucht, ihre Kinder emotional aufzufangen, was ihr allerdings aufgrund ihrer Wut und ihrer Trauer und Verletztheit sehr schwergefallen sei. Besonders belastet hätten sie die Verlustängste ihrer Kinder, möglicherweise auch noch die Mutter zu verlieren.

Die vielen Ratschläge von Familie und Freunden hätten dann ihre Situation noch schlimmer gemacht, ihre Schuldgefühle noch verstärkt. Besonders von ihrer Mutter habe sie sich in diesem Moment mehr Unterstützung gewünscht. Sie habe dann viel Zeit mit ihren Kindern verbracht und ihr sei klar geworden, dass diese keine Schuld trifft, sondern dass sie jetzt ihre Unterstützung besonders benötigen. Sie habe daraufhin eine Beratungsstelle aufgesucht und mithilfe enger Freunde ihre Wut und ihre Trauer langsam bewältigen und wieder etwas Kraft schöpfen können.

KOMMENTAR AUS SICHT DES THERAPEUTEN:

In der Tat hat Frau Sch. etwas Schlimmes erlebt: den plötzlichen, kommentarlosen Weggang des Partners. So etwas ist eine Katastrophe, von der man sich nur deshalb so schwer erholen kann, weil es überhaupt kein Konzept, keine Erklärung hierfür gibt. So etwas stürzt jeden dann in weitere Schwierigkeiten und es entstehen

Schuldgefühle. Was hat meinen Partner bewogen, zu gehen, was habe ich falschgemacht? Habe ich Schuld daran, dass die Kinder keinen Vater mehr haben, habe ich Schuld daran, dass meine Kinder so viel weinen und Fragen stellen, auf die ich keine Antworte weiß?

Ein solches Ereignis stellt eine Extrembelastung dar, die, wenn sie nicht vielleicht sogar durch eine Therapie aufgefangen werden kann, in eine tiefe Depression führen kann. Ausgangspunkt einer Depression ist sehr oft eine Kränkung verbunden mit einem Schuldgefühl, das sich an einen Beziehungsabbruch knüpft und in dem der Verlassene sich selbst die Schuld dafür gibt, verlassen worden zu sein. Diese Schuldgefühle und die Depression kann dann im Weiteren solche Ausmaße annehmen, dass sich auch Freunde und Familie nicht mehr zu helfen wissen. Dies schildert Frau Sch. auch sehr eindrücklich dadurch, dass ihr Ratschläge nicht nur nicht geholfen, sondern die Situation noch verschlimmert hätten. Sie hätte sich mehr Unterstützung in der Bewältigung des Alltags gewünscht.

Dabei geht es jedoch um etwas anderes, um Zuwendung ohne Ratschläge. Das heißt ganz einfach (so einfach, wie sich das anhört, ist das allerdings auch nicht) mitfühlen und zusammen aushalten. Ratschläge hingegen helfen meistens nur dem, der sie ausspricht, aber machen den Einsamen nur noch einsamer, und wenn die Einsamkeit voller Schuldgefühle ist, gibt es kein Entrinnen mehr. Deshalb ist es notwendig, deutlich zu machen, dass man weiß, wie schmerzhaft die Situation ist. Mitfühlen, ohne aktiv zu werden, ist eine große emotionale Leistung, die nur von wenigen Menschen, kaum von jedem Therapeuten, vollbracht werden kann, weil man immer wieder in die Versuchung kommt, zu handeln oder blind herumzuhelfen, anstatt erst einmal mitfühlend zu verstehen. Deshalb hat Frau Sch. es richtig gemacht, eine Beratungsstelle, Hilfe aufzusuchen und sich mit engen Freunden auszutauschen, und zwar genau über die Gefühle, die, wenn sie nicht ausgelebt werden, eben eine Depression verursachen, nämlich Wut und Trauer. Die Depression bezieht ihre selbstzerstörerische Kraft häufig aus einer nicht zugelassenen Wut über einen Verlust und aus einer nicht nach draußen gelassenen Trauer über die erlittene Trennung. Und blockierte Wut und Trauer schädigen die Seele. Frau Sch. fand nach und nach die Kraft und den Weg, aus dieser schlimmen Situation herauszufinden. Es wäre ihr zu wünschen, dass sie den nächsten Mann ausreichend auf familiäre Verwendbarkeit testet.

FALL 5: MEIN SOHN BRAUCHT EINEN PAPA

Frau T., 29 Jahre alt, hat einen vierjährigen Sohn und lebt seit einem Jahr getrennt von ihrem Mann. Sie ist seit sieben Jahren verheiratet. In dieser Zeit hätten die Missverständnisse immer weiter zugenommen, sie habe sich nicht mehr verstanden und akzeptiert gefühlt. Zuletzt sei alles so verfahren gewesen, dass es zum Eklat gekommen sei und sie sich getrennt hätten.

Seitdem fühle sie sich in einem Schwebezustand, sehe keinen Ausweg, fühle große Unsicherheit. Besonders belastend sei für sie die finanzielle Unsicherheit, weil ihr Mann der Hauptverdiener gewesen sei; nun fühle sie sich alleingelassen und in keiner Weise unterstützt. Sehr schwer sei ihr gefallen die Situation ihrem kleinen Sohn zu erklären. Er habe oft nach dem Papa gefragt und nicht verstanden, warum er nicht mehr bei ihnen wohne. Sie habe versucht, ihm alles zu erklären, und auch davon gesprochen, dass sie vielleicht bald einen neuen Partner finden würde, einen »Ersatz-Papa«, wie ihr kleiner Sohn es nannte. Ihr sei allerdings auch deutlich geworden, wie wichtig ihr Exmann als Vater für ihren Sohn sei, und überlege, wieder Kontakt mit ihm aufzunehmen, ihm vielleicht einen Brief zu schreiben. Vielleicht gäbe es eine Möglichkeit zu einem offenen, ehrlichen Gespräch. Ihre Hoffnung sei, dass sie mit ihrem ehemaligen Partner einen Kompromiss finden und sie eine gute Vater-Mutter-Beziehung hinbekommen könnten, um ihrem gemeinsamen Sohn gute Eltern sein zu können. Vielleicht könne ihr Exmann ja sogar einmal zu einem Freund werden.

KOMMENTAR AUS SICHT DES THERAPEUTEN:

Frau T. schildert eine typische Situation, wie sie viele alleinerziehende Mütter nach ihrer Trennung erleben. Sie hat ihren Liebespartner verloren, der Sohn seinen Vater und die Familie den Versorger. Was bleibt, ist ein »Schwebezustand«. Frau T. fühlt sich sehr stark verunsichert, die beiden großen Risiken, denen so viele alleinerziehenden Mütter ausgesetzt sind, zeichnen sich deutlich ab, das ist die Armut an Geld und die Armut an Beziehungen. Alleinerziehen heißt immer noch viel zu häufig Alleingelassen, ohne Unterstützung, ohne Ansprache und ohne Austausch.

In besonders anrührender Weise schildert Frau T. die Vaterbedürftigkeit ihres kleinen Sohnes, der seinen Papa schmerzlich vermisst. Aufgrund seines Alters kann er nicht verstehen, dass Trennung auch einen Neuanfang bedeuten kann. Einen solchen Großkonflikt, an dem auch Erwachsene scheitern und verzweifeln, einem Vorschulkind argumentativ erklären zu wollen ist ein Ding der Unmöglichkeit. Der kleine Sohn will einfach nur seinen Papa zurückhaben. Die Bedürftigkeit des Sohnes nach seinem Vater ist für Frau T. sicherlich ebenfalls Anlass für vielerlei Schuldgefühle und Selbstvorwürfe nach dem Motto: Der Streit war uns wichtiger als das Schicksal unseres Sohnes. So zumindest wird ihr Sohn es später vielleicht mal seinem Therapeuten erklären, wenn der Kontakt zum Vater verloren geht.

Die Fallgeschichte von Frau T. zeigt, wie wichtig Väter sind, und sie zeigt auch, wie häufig Männern und Vätern nicht klar ist, was für eine lebenslang wirksame Verantwortung sie für ihre Kinder und insbesondere für das Selbstwertgefühl ihrer Söhne haben. Sich als Trennungsvater nicht mehr um die Kinder zu kümmern vergiftet die Beziehung zu ihnen, beeinträchtigt deren Selbstwertgefühl, genauso wie wenn die Mutter den Vater von seinem Kind fern zu halten versucht. Der kleine vierjährige Sohn von Frau T. äußert dies ganz unverblümt. Ein kindgerechter Umgang mit dieser Situation wäre nach Möglichkeit ein trauernder Umgang, das heißt wenn es der Mutter möglich wäre, ihrem Sohn recht zu geben und zu sagen: »Ja, es ist ganz traurig, dass Mama und Papa sich getrennt haben!« Trauer und Wut darüber, wenn diese Gefühle vom Kind kommen, sollte sie nicht beschönigen, sondern für diese Gefühle Raum und Ausdrucksmöglichkeiten schaffen.

Die mütterliche Aufgabe in dieser Situation wäre darüber hinaus, dem Kind zu vermitteln: »Ich werde von diesen Gefühlen nicht hinweggespült, sondern ich kann diese Gefühle aushalten, verarbeiten und dir zuliebe auch wieder Sicherheit herstellen. Ich werde uns Hilfe holen, ich werde mich an Freunde, an das Jugendamt, an Familienberatungsstellen, vielleicht an die Großeltern wenden und um Unterstützung bitten. Ich werde mich auch um Ersatzpapas kümmern. Ich werde vielleicht eine Kita wählen, in der es auch männliche Erzieher gibt, und ich werde mich vielleicht auch um eine Schule kümmern, in der es männliche Grundschullehrer gibt. Und ich werde mich vielleicht auch um einen Sportverein kümmern, in dem männliche Trainer für dich verfügbar sind.«

Das Allerwichtigste ist aber, und auch hier ist Frau T. in vorbildlicher Weise unterwegs, dass sie sich Wege und Möglichkeiten überlegt, wie dem Kind zuliebe eine Kontaktaufnahme zum Vater hin doch noch möglich sein könnte. Hier, in einer solchen Situation, könnte es hilfreich sein, wenn ein gemeinsamer Freund aus guten Tagen eine Verbindung herstellt und seinerseits mit dem Vater redet, oder wenn die beiden noch keine lösungsorientierten Gespräche führen können, bietet sich ein gemeinsamer Vermittler an. Der sollte aber nicht Partei sein und aus einer der beiden betroffenen Herkunftsfamilien stammen, sondern eher ein gemeinsamer Vertrauter aus früheren Tagen.

Es ist Frau T. zu wünschen, dass ihr Herzensanliegen – der Papa für den Sohn – auch vom Vater ihres Sohnes verstanden und aufgegriffen werden kann, und es ist zu hoffen, dass die wechselseitig zugefügten Kränkungen nicht zu groß für einen solchen Prozess sind. Hilfreich in einer solchen Situation ist es immer, wenn es Erwachsenen gelingt, die Perspektive des Erlebens ihres Kindes einzunehmen und sich vielleicht vorzustellen, wie es gewesen wäre, wenn sie ihren Vater nicht gehabt hätten. Von besonderer Bedeutung ist vielleicht abschließend noch, dass gerade Söhne im Alter von vier bis sechs Jahren, in der Phase, die Sigmund Freud als die »ödipale Phase« bezeichnet hat, ganz besonders angewiesen sind auf ein wohlwollendes, anleitendes und schützendes männliches Rollenvorbild, an dem entlang sie ihre eigene kleine Männlichkeit, ihre männliche Identität entwickeln können. Väter bieten eben andere Spielangebote, andere Modalitäten der Welterkundung als Mütter. Und diese werden von Söhnen dringend erwartet, gewünscht, ja ersehnt. Das kann ein gemeinsamer Fußballtag im Stadion sein, das kann aber auch ein gemeinsames Herumstromern im Wald sein oder ein spielerischer Ringkampf oder das Sammeln von Holz und das Anzünden eines kleinen Lagerfeuers und ein gemeinsames Übernachten draußen. Alles Dinge, die Söhne ihrem Vater ein Leben lang nie vergessen werden.

FALL 6: VERLETZT UND UNERWÜNSCHT

Frau F., 24 Jahre alt, ohne Berufsausbildung, ist vor neun Monaten erstmals Mutter geworden, mit ihrem langjährigen Partner und Vater des Kindes gab es bereits vor der Geburt häufig Konflikte. Die Schwangerschaft sei nicht geplant gewesen, Frau F. haderte häufig mit sich, ob sie wirklich ein Kind wolle.

Frau F. ist die Jüngste von insgesamt vier Geschwistern; ihre Eltern seien in ihrer Kindheit kaum präsent gewesen, sie sei vor allem von der ältesten Schwester erzogen worden. Sie habe einen Realschulabschluss gemacht, danach habe sie in verschiedenen Bereichen gearbeitet; ihr letzter Vertrag sei kurz vor der Geburt des Sohnes abgelaufen, verlängert worden sei er »natürlich nicht«, berichtet sie ärgerlich im Gespräch.

Frau F. fühlt sich häufig innerlich zerrissen, unruhig und stark angespannt. Seit der Geburt ihres Sohnes habe die Häufigkeit dieser Zustände zugenommen, besonders wenn ihr Sohn nicht aufhöre zu schreien, sie ihn nicht beruhigen könne.

Sie verletzt sich dann selbst, ritzt sich an den Unterarmen, dann gehe es »etwas besser«. Früher hat sie außerdem Alkohol getrunken und häufig Drogen konsumiert, heute mache sie das nicht mehr, mit »Gefühlen« komme sie dadurch aber »weniger klar«.

Ihr Sohn ist neun Monate alt, er ist ein eher unruhiges Baby, schreit relativ viel. Seit zirka einem Monat lebt er bei einer Pflegefamilie. Die Pflegemutter meint, Leon sei ein »Schreikind«.

Nach der Geburt, so berichtet Frau F., habe ihr Partner sich um »gar nichts« gekümmert, weder um das Kind noch um sie. Sie sei zunehmend überfordert gewesen, da ihr Kind sehr viel (bis zu sechs Stunden lang) geschrien habe. Sie habe das Gefühl gehabt, es dem Kind »nie rechtmachen« zu können. Sie habe sich schließlich an das Jugendamt gewandt und um Hilfe gebeten, daraufhin sei einmal in der Woche eine Familienhelferin gekommen, diese habe sie auch in ihrem Trennungswunsch unterstützt. Frau F. habe sich dann, in Anwesenheit der Familienhelferin, von ihrem Partner getrennt; dieser sei sehr schnell ausgezogen und habe rasch eine neue Partnerin gehabt.

Bei einem spontanen Besuch der Familienhelferin habe diese eine frische Schnittwunde an Frau F.'s Arm bemerkt und sie darauf angesprochen. Frau F. habe ihr von der Anspannung erzählt und davon, dass sie sich, wenn es gar nicht mehr gehe, schneide. Die Familienhelferin sei zunächst sehr verständnisvoll gewesen, habe mit Frau F. besprochen, dass sie eine Therapie machen müsse, und ihr versprochen, ihr dabei zu helfen.

KOMMENTAR AUS SICHT DES THERAPEUTEN:

Frau F. ist relativ jung Mutter geworden, die Schwangerschaft war ungeplant. Die Einstellung von Frau F. gegenüber ihrem Kind ist zwiespältig-ablehnend, vermutlich empfand sie sich selbst als unerwünscht. Als ungeplant und nicht vorhanden hat sie sich selbst jedenfalls in ihrer Kindheit erlebt. Vor diesem Hintergrund gab es zahlreiche Brüche in der Lebens- und Leistungslinie bei wahrscheinlich großem eigenem Bedürfnis nach einer zuverlässigen, wohlwollenden Bezugsperson. Mit hoher Wahrscheinlichkeit hatte in der unbewussten Kinderwunschfantasie von Frau F. ihr Baby die illusionäre Funktion, genau diese ersehnte Bezugsperson zu verkörpern. Diese Wunschfantasie nach einem Kind, »das nur für mich da ist«, ist schon in einer vollständigen Familie unrealistisch. Sie stellt die Dinge, wie sie wirklich sind, auf den Kopf, denn natürlich sorgt die Mutter für das Kind und nicht umgekehrt. Unmöglich wird sie unter den Bedingungen, unter denen Frau F. als alleinerziehende Mutter von Anfang an leben musste.

Aufgrund ihrer eigenen negativen Selbstwahrnehmung, ihres schwer beschädigten Selbstwertgefühles und ihrer beeinträchtigten, vielleicht sogar fehlenden Fähigkeit, eigene Gefühle, aber auch die Affektsignale anderer zu verstehen, zu verarbeiten und auszusprechen, ist sie wahrscheinlich auch nicht in der Lage, ihrem Baby die emotionale Spiegelungserfahrung zu vermitteln, die es braucht, um sich sicher und wohlzufühlen. Im Grunde schreit – im Baby Leon – Frau F. selbst nach einer kompetenten Bezugsperson, die sie ihrem Baby aber nicht sein kann, weil sie selbst eine entsprechende Erfahrung in ihrer Kindheit nicht verinnerlichen konnte. Auch der ebenfalls beziehungsbeeinträchtigte Kindesvater war nicht in der Lage, seinem Sohn ausreichend Sicherheit und emotionale Wärme zu vermitteln, sodass sich Frau F. mit ihrem völlig verstörten »Schreikind« Leon an das Jugendamt wandte; dies war genau richtig. Aus ihrer Verzweiflung heraus handelt Frau F. verständlich: Sie schützt ihr Baby, indem sie sich selbst verletzt, weil sie sich in ihrer Verzweiflung damit konfrontiert sieht, dass sie selbst fast noch ein Kind ist und dass sie kaum Mutter sein kann. Trotzdem schafft sie es, etwas Richtiges zu tun und sich an das Jugendamt zu wenden. Ihr wurde eine Familienhelferin zur Seite gestellt.

Leider erhielt Frau F. jedoch keine Möglichkeit, dringend notwendige psychotherapeutische Hilfe in Anspruch zu nehmen, die aufgrund einer offensichtlichen Borderline-Störung von Frau F. eigentlich unabdingbar gewesen wäre. Die Familienhelferin des Jugendamtes reagierte unprofessionell auf die Selbstverletzungstendenzen von Frau F. und bewirkte anschließend eine Trennung von Frau F. von ihrem Baby. Damit wurde jedoch möglicherweise nun ein weiteres Bindungstrauma erst bewirkt. Besser wäre es gewesen, die Mutter dabei zu unterstützen, die »gute Mutter« zu werden, die sie sein möchte, und das verzweifelte Kind in ihr selbst dadurch zu beruhigen und zu trösten, indem eine psychotherapeutische Begleitung stattgefunden hätte.

Frau Z., 36 Jahre alt, Verkäuferin, alleinerziehend mit zwei Kindern, einer Tochter, acht Jahre alt und einem Sohn, zwei Jahre alt. Ihre Tochter sei von ihrem früheren Mann, von dem sie sich vor drei Jahren aufgrund seiner Alkoholerkrankung und seiner verbalen und körperlichen Wutausbrüche, wenn er betrunken gewesen sei, getrennt habe. Sie kannten sich schon seit 14 Jahren, bevor sie dann, kurz vor der Geburt ihrer Tochter, geheiratet hätten. Sie habe immer von seinem Alkoholproblem gewusst, seinen Beteuerungen, damit aufzuhören, immer wieder Glauben geschenkt, bis sie dann verstanden habe, dass der einzige Ausweg die Trennung sei. Sie sei dann in ein tiefes Loch gefallen, habe den Kontakt zu ihm endgültig abgebrochen und sich mit ihrer Tochter immer mehr zurückgezogen. Sie habe dann durch eine Therapie wieder etwas mehr Lebensmut schöpfen und sich sogar wieder auf eine neue Partnerschaft einlassen können.

Ihr neuer Partner sei genau das Gegenteil von ihrem Exmann; eher ruhig und still, auch eher wenig emotional. Mit ihrem neuen Partner habe sie dann einen Sohn bekommen. Was sie allerdings sehr belaste, sei, dass ihr neuer Partner Schwierigkeiten habe, sich auf ihre Tochter einzulassen. Manchmal habe sie sogar den Eindruck, er lehne sie ab. Ihre Tochter hingegen sei öfter eifersüchtig auf ihren kleinen Halbbruder.

Vonseiten ihrer Herkunftsfamilie erhalte sie leider sehr wenig Unterstützung; ihre Eltern hätten sich ebenfalls getrennt, als sie noch sehr jung war. Zu ihrem Vater habe sie kaum noch Kontakt, ihre Mutter sei psychisch erkrankt. Ihre Halbtagsstelle als Verkäuferin und ihr kleiner, guter Freundeskreis seien aber eine große Hilfe für sie. Derzeit denkt Frau Z. darüber nach, noch einmal eine Therapie zu beginnen, am liebsten gemeinsam mit ihrem Partner.

KOMMENTAR AUS SICHT DES THERAPEUTEN:

Frau Z. hat sich – sehenden Auges – in eine Ehe mit einem sehr komplizierten, in seinem Kontrollvermögen beeinträchtigten Mann mit Suchttendenzen, begeben. Sie hätte schon vor ihrer Eheschließung sehen können, dass diese Beziehung unter keinen guten Voraussetzungen steht. Andererseits entspricht diese Partnerwahl mit hoher Wahrscheinlichkeit auch den in früher Kindheit verinnerlichten Beziehungsmodellen aus ihrer Herkunftsfamilie, in der ein ebenfalls kontaktgestörter Vater und eine psychisch kranke Mutter nicht wirklich zusammenfinden konnten. Vielleicht wollte Frau Z. aber glauben, dass, wenn erst die Ehe geschlossen und ihre Kinder da wären, ihr Mann sich schon zum Guten hin ändern würde. Hier folgert Frau Z. von sich auf andere: Da sie sich intensivst Kinder wünschte, fantasierte sie, dass dieses Kinderglück auch der Schlüssel für die Gesundung ihres Partners sein werde. Aber weit gefehlt. Menschen mit Suchtproblemen sind oft nur eingeschränkt fähig, Gefühle und Bedürfnisse anderer Menschen feinfühlig mitzuempfinden, sie zu verstehen. So kam es zum Bruch und zum Absturz in ein »tiefes Loch«, in das sich Frau Z. depressiv, zusammen mit ihrer Tochter, zurückzog.

Glücklicherweise konnte mithilfe einer Therapie verhindert werden, dass die Tochter in die versorgende Elternrolle geriet. Frau Z. konnte nach der Therapie wieder Lebensmut schöpfen und sich sogar auf eine neue, diesmal klügere Partnerwahl einlassen. Sie bekam mit dem neuen Partner auch ein Kind. Eine solche Patchwork-Situation, in die nicht wenige Alleinerziehende geraten, ist so etwas wie die »ganz hohe Schule« des erwachsenen Interessenausgleichs innerhalb einer Partnerbeziehung. Es ist nicht so, dass mit dem neuen sozialen Vater oder der neuen sozialen Mutter auf einmal wieder alles gut wird.

Es ist nicht so, dass numerische »Vollständigkeit« gleichbedeutend mit familiärer Qualität ist – eher im Gegenteil. Denn Kinder sind treu. Und aus dieser Bindungstreue heraus hängen sie an dem verloren gegangenen Elternteil und lehnen oft über lange Zeiträume hinweg den neuen Partner, die neue Partnerin der Mutter beziehungsweise des Vaters ab. Darüber hinaus reagieren sie häufig eifersüchtig untereinander, insbesondere wenn wie im Fall von Frau Z. ein neues Kind die neue Partnerschaft besiegelt hat.

Das Kind aus der Vorbeziehung fühlt sich zurückgesetzt, entwertet und reagiert mit Wut, Trauer oder depressivem Rückzug. In dieser Konstellation den Überblick zu behalten und Verständnis für alle Beteiligten zu haben führt dann nicht selten auch zu Spannungen zwischen den neuen Beziehungspartnern, insbesondere wenn die Trennung der vorherigen Beziehung noch nicht verarbeitet ist. Von daher erstaunt es nicht, dass es Kinder aus Patchwork-Familien Untersuchungen zufolge noch schwerer haben als Kinder Alleinerziehender. Auch hier hilft es den beteiligten Erwachsenen wieder, sich in die Situation und das Erleben der Kinder hineinzuversetzen und sich Unterstützung zu holen.

Tragischerweise kam in dieser schwierigen Situation bei Frau Z. hinzu, dass sie kaum Unterstützung aus ihrer Herkunftsfamilie erfuhr. Dies resultiert auch daher, dass sich ihre Eltern trennten, als Frau Z. noch sehr jung war. Aber bei ihrer Arbeitsstelle erhielt sie Verständnis und Wertschätzung, fand materielle Sicherheit.

FALL 8: AUCH DIE KINDER BRAUCHEN HILFE

Frau St., 29 Jahre alt, teilzeitbeschäftigte Verkäuferin, alleinerziehend mit drei Kindern, einem Sohn, acht Jahre alt, aus früher erster Ehe und zwei Töchtern, vier und sechs Jahre alt, aus einer zweiten Partnerschaft. Sie habe sich immer Kinder gewünscht. Mit ihrem ersten Mann habe es aber zunächst nicht geklappt, später aber, als die Beziehung schon nicht mehr gut lief, habe sie doch einen Sohn mit ihm bekommen. Zwei Jahre später hatte sich das Paar getrennt, man hätte aber noch einen guten Kontakt zueinander. Sie habe dann einen neuen Partner kennengelernt, mit dem sie zwei Mädchen bekommen habe. Ihr Partner habe immer sehr viel gearbeitet, sich kaum um sie und ihre Kinder gekümmert, sei wohl auch eifersüchtig auf ihre Kinder gewesen. Sie sei sich schon damals wie eine Alleinerziehende vorgekommen. Ihr Partner sei von seiner Arbeit einfach »zu müde« gewesen und außerdem habe er gemeint, sein Soll ja bereits erfüllt zu haben. Sie habe sich dann vor zwei Jahren von ihm getrennt, heute bestehe kaum noch Kontakt.

Seit der Trennung fühle sie sich oft niedergeschlagen und sehr belastet, was sich auch auf ihre Kinder auswirke. Besonders ihr Sohn ziehe sich häufig zurück, spräche kaum über seine Sorgen und Belastungen, und er hätte immer wieder Schwierigkeiten in der Schule. Beide Töchter seien immer wieder traurig und weinten. Oftmals sei sie einfach ratlos, dabei sei es ihr doch enorm wichtig, immer für ihre Kinder da zu sein. Sie würde alles dafür tun, damit es ihnen gut gehe. Glücklicherweise habe sie einen verlässlichen Freundeskreis.

KOMMENTAR AUS SICHT DES THERAPEUTEN:

Frau St. befindet sich in einer wirklich schwierigen Lage. Sie gehört zu den relativ wenigen alleinerziehenden Müttern, die mit drei Kindern aus zwei verschiedenen Partnerschaften zusammenlebt. Sie hat, noch nicht 20 Jahre, mit starkem Kinderwunsch geheiratet und wurde nach einigen Schwierigkeiten auch schwanger. Nach der Geburt des Kindes wurde aus der Paarbeziehung eine Familie. Elternrollen konnten beide Partner erst nach ihrer Trennung in Grenzen zulassen. Insofern ist es aus Sicht des heute achtjährigen

Sohnes sehr viel wert, dass die getrennten Partner nun einen guten Kontakt zueinander haben.

Die Folgebeziehung von Frau St. stand allerdings ebenfalls unter keinem guten Stern, da sie wiederum einen Mann heiratete, der sich nicht in eine familiäre, väterliche Rolle hineinbegeben wollte. Deshalb kam sie sich auch in ihrer zweiten Beziehung bald vor wie eine Alleinerziehende und fühlte sich alleingelassen. Auch hier erfolgte wiederum nach wenigen Jahren die Trennung, in deren Folge sie, nach wiederholtem Scheitern, niedergeschlagen und depressiv wurde, und zwar so sehr, dass auch der Sohn davon betroffen war. Kinder sind so eng mit dem Gefühlsleben ihrer Eltern verbunden, dass sie im wahrsten Sinne des Wortes mitleiden, ohne jedoch dafür entlastende Ausdrucks- und Verarbeitungsmöglichkeiten zu haben.

Gerade Kinder in solchen Situationen sind auf verständnisvolle und einfühlsame Erwachsene angewiesen, die jedoch tragischerweise nach einer Trennung oft nicht verfügbar sind, weil sie so sehr mit sich selbst beschäftigt sind. Aber auch die Töchter aus der zweiten Ehe vermissen die Sicherheit, die eine Familie, eine Elternbeziehung vermitteln kann, und reagieren mit Trauer und Rückzug. Frau St. hat glücklicherweise ihren guten Freundeskreis, der ihr Unterstützung und Verständnis bietet. Vielleicht reicht ihr das aus, um stabil und alltagsfähig zu sein. Die Kinder zeigen aber deutlich, dass etwas fehlt und sie spüren, dass auch ihre Mutter unglücklich ist. Auch Kinder entwickeln in solchen Situationen oft Schuldgefühle, weil sie sich, in kindlichem Größenwahn, als Ursache für die elterliche Trennung und das Unglücklichsein der Mutter wähnen.

Wenn, wie im Fall von Frau St., die Kinder so sehr belastet sind, empfiehlt es sich, besondere Hilfsangebote in Anspruch zu nehmen, die in allen größeren Städten verfügbar sind und über Familienberatungsstellen vermittelt werden. Beispielsweise psychoanalytische Kinder- und Jugendpsychotherapeuten können mithilfe spezieller Therapieangebote oft in erstaunlich kurzer Zeit den Betroffenen helfen. Psychopharmaka oder Methylphenidat für Kinder sind dagegen keine wirkliche Hilfe gegen trennungsbedingtes Leid.

KAPITEL 6
ÜBUNGEN
DES *wir2*-BINDUNGSTRAININGS

IM FOLGENDEN STELLE ICH IHNEN EINIGE ÜBUNGEN und Spiele vor, mit denen Sie den Alltag mit Ihrem Kind positiv beeinflussen und sich noch besser aufeinander einlassen können. Die Übungen sind am ehesten geeignet für Kinder zwischen vier und zehn Jahren.

ÜBUNG 1 – MEIN KÖRPERBILD

WIE GUT KENNEN SIE EIGENTLICH IHREN EIGENEN KÖRPER? Wann haben Sie sich das letzte Mal im Spiegel betrachtet außer bei der raschen Morgentoilette? Und wie steht es mit Ihrem Kind, wie vertraut ist Ihnen sein Körper? Haben Sie bemerkt, wie groß Ihr Kind schon ist? Wie sehr es vielleicht in letzter Zeit gewachsen ist? Oder fällt Ihnen das nur dann auf, wenn es wieder einmal neue Hosen oder neue Schuhe braucht, weil die alten zu klein geworden sind? Wann haben Sie und Ihr Kind einander zum letzten Mal in den Arm genommen? Wann haben Sie sich dafür zum letzten Mal Zeit genommen? Und wie hat sich diese Berührung für Sie beide angefühlt? Welche Gefühle sind dabei in Ihnen aufgetaucht? Wie hat Ihr Kind reagiert? Was haben Sie wahrgenommen? Was haben Sie dabei miteinander gesprochen? Wo gibt es Gemeinsamkeiten zwischen Ihnen und Ihrem Kind, wo unterscheiden Sie beide sich, und wie fühlen sich die Unterschiede für Sie beide an?

Die folgende Aufgabe bietet ein Kennenlernspiel zwischen Ihnen und Ihrem Kind. Sie ist wie eine Entdeckungsreise zu Ihrem eigenen Körper und dem Ihres Kindes. Wie Forscher werden Sie erkunden und dabei miteinander vertrauter werden.

Was Sie dafür benötigen:

Zwei Bögen Papier, die groß genug sind, damit Sie und Ihr Kind sich darauf legen und die Umrisse Ihrer beider Körper nachzeichnen können (zum Beispiel eine Tapetenrolle oder helles Packpapier). Stifte oder Farben, am besten abwaschbare, und einen Spiegel. Kleidung, aus der sich die Farben herauswaschen lassen.

Wer macht mit:

Sie und Ihr Kind.

So viel Zeit sollten Sie sich dafür nehmen:
Zirka 30–40 Minuten.

Aufgabenstellung

1. Schritt:

Sie zeichnen die Körperumrisse auf dem Papier nach. Dazu legt sich jeweils einer von Ihnen auf dem Rücken auf das Papier, der andere zeichnet die Umrisse des Körpers nach. Dabei schließt der Liegende die Augen und beide Beteiligten schweigen währenddessen. Danach wechseln Sie die Positionen. Gehen Sie während des Zeichnens auf eine innere Entdeckungsreise, fühlen Sie in sich hinein und nehmen Sie wahr, was in Ihnen gerade vorgeht. Welche Gefühle tauchen in Ihnen auf?

Während Ihr Kind die Umrisse Ihres Körpers nachzeichnet, können Sie selbst durch Ihren Körper »reisen«, als würden Sie ihn abtasten. Bleiben Sie jeweils einen Moment bewusst bei einer Körperpartie. Wie fühlen sich Ihr Kopf und Ihr Rumpf an, wie Ihre Beine, Ihre Arme? Liegen Sie entspannt? Oder sind Sie irgendwo verspannt? Wie geht Ihr Atem? Wie fühlt sich der Schlag Ihres Herzens an? Tauchen Bilder auf? Welche sind dies?

Verharren Sie ganz bei sich, lassen Sie alles zu. Verweilen Sie in dieser Lage, so lange Sie möchten. Wenn Sie den Umriss Ihres liegenden Kindes zeichnen, kann Ihr Kind dann ebenfalls die Augen schließen. Malen Sie behutsam und langsam seine Körperumrisse auf das Papier. Vielleicht erinnern Sie sich daran, wie Ihr Kind noch ganz klein war, wie Sie es vielleicht gewickelt oder zu Bett gebracht haben. Und wie viel Zeit inzwischen vergangen ist und wie groß Ihr Kind nun geworden ist und was es auf diesem Weg alles erlebt hat.

2. Schritt

Beenden Sie nun diese Reise und legen Sie die beiden Umrisszeichnungen nebeneinander hin. Vielleicht notieren Sie Ihre Gefühle, Erinnerungen und Empfindungen.

3. Schritt

Nun machen Sie gemeinsam eine Entdeckungsreise vor dem Spiegel. Stellen Sie sich gemeinsam mit Ihrem Kind vor den Spiegel. Schauen Sie sich und Ihr Kind an und beschreiben Sie abwechselnd ohne jede Wertung, was Sie sehen:

Welche Farbe haben Ihre Augen, welche die Ihres Kindes?

Wie ist Ihr Haar, lang oder kurz, lockig oder glatt?

Das Gesicht, Mund, Nase und die Ohren, die Hände – wie sehen sie aus? Unterhalten Sie sich über das, was Sie sehen.

Welche Unterschiede können Sie oder Ihr Kind feststellen?

Welche Gemeinsamkeiten in Ihrem und dem Aussehen Ihres Kindes können Sie entdecken?

Schauen Sie sich alles an.

Was gefällt Ihnen besonders gut am anderen?

4. Schritt

Tragen Sie nun alle im 3. Schritt gemachten Beobachtungen auf den jeweiligen Körperumrissen ein. Sie malen als Mutter den Umriss Ihres Körpers aus und Ihr Kind seinen Körperumriss. Malen Sie zum Beispiel die Haarfarbe aus oder zeichnen Sie den Umriss Ihrer Ohren nach. Zeichnen Sie Ihre Augen, Nase und Mund ein, und malen Sie Ihre Kleider über Arme, Leib und Beine.

Ihr Kind malt sein Gesicht, die Haare, die Umrisse seines Körpers samt Kleidern in unterschiedlichen Farben aus. Geben Sie beide dem Haar, der Haut des Gesichts und der Hände Farbe. Hängen Sie am Schluss beide Bilder nebeneinander an der Wand auf.

Reflexion

Reden Sie abschließend über Ihre Bilder und die verschiedenen Entdeckungen, über festgestellte Unterschiede zwischen Ihrem Kind und Ihnen und über die entdeckten Gemeinsamkeiten in Ihren Gesichtern und Körperbildern.

Stellen Sie dabei alles sachlich fest, aber vermeiden Sie zu werten. Jeder ist, wie er eben ist. Anerkennen Sie abschließend das, was Sie beide gerade erlebt haben – sagen Sie zum Beispiel: »Das haben wir prima gemacht, nicht wahr?«

ÜBUNG 2 – GEFÜHLSTHERMOMETER

HABEN SIE SCHON EINMAL DARÜBER NACHGEDACHT, wie viele Gefühle zu verschiedensten Anlässen jeden Tag in Ihnen aufkommen können? Haben Sie sich dabei schon genauer beobachtet? Gefühle können sehr intensiv sein, bewusst oder weniger bewusst ablaufen oder auch rasch von anderen Gefühlen abgelöst werden. Manches geht im Alltag unter, anderes beschäftigt noch Stunden später.

Manchmal haben wir den Eindruck, der vergangene Tag hätte nur aus einem Gefühl wie Wut bestanden, dabei gab es in Wahrheit auch Momente von Freude und Lebenslust.

Die folgende Aufgabe bietet Ihnen die Chance, Ihre Gefühle und deren Auslöser näher und bewusster kennenzulernen. So können Sie Ihren Gefühlen mehr Beachtung schenken, sie akzeptieren und mit ihnen umgehen lernen. Sie erkennen außerdem, wie Sie Ihre Gefühle mit deren Auslösern in Verbindung bringen können.

Was Sie dafür benötigen:
Einen Stift und das im Anhang abgedruckte Arbeitsblatt.

Wer macht mit:
Nur Sie.

So viel Zeit sollten Sie sich dafür nehmen:
15–30 Minuten pro Abend über eine Woche hinweg.

Aufgabenstellung
Nehmen Sie sich jeden Abend Zeit, den Tag und all Ihre Gefühle noch einmal Revue passieren zu lassen. Achten Sie besonders darauf, welche Basisaffekte als Gefühle spürbar wurden: Angst, Ekel, Freude, Trauer und Wut. Lassen Sie den Tag vor Ihrem inneren Auge noch einmal ablaufen. Denken Sie an

alles, was geschehen ist, was Sie erlebt haben, was Ihnen zugestoßen ist. Wie war Ihr Morgen? Wie hat der Tag begonnen? Wie war da das Zusammensein mit Ihrem Kind?

Wie ging es am Vormittag weiter, über den Mittag bis zum Nachmittag? Welchen Menschen sind Sie begegnet und wie verliefen diese Begegnungen? Welche Gefühle standen jeweils im Vordergrund?

Wie verlief der Abend bisher?

Kreuzen Sie auf dem Arbeitsblatt an, welches Gefühl Sie an diesem Tag verspürt haben und wie stark es war. 1 steht für schwach, 10 für sehr stark.

Erinnern Sie sich, was jeweils der Auslöser für das Gefühl war. Was genau ist passiert? Was ist Ihnen dabei durch den Kopf gegangen?

Zum Schluss bestimmen Sie noch Ihr stärkstes Gefühl dieses Tages. Kreisen Sie dieses bitte in der Tabelle ein. Achten Sie über die Woche hinweg darauf, welches Ihr lebensbestimmendes Hauptgefühl war, und denken Sie über die Auslöser, Ursachen und mögliche Lösungen nach, vielleicht sprechen Sie auch mit einer guten Freundin darüber.

ÜBUNG 3 – IHRE SONNENSEITEN – EINE GEFÜHLSDUSCHE

DIE MEISTEN VON UNS SIND ES GEWOHNT, sich und vor allem andere zu kritisieren. Es gelingt meistens prima, das Unangenehme und Fehlende an einem Menschen zu bemängeln und vor allem das, was nicht passt, nicht klappt oder nicht verfügbar ist, zu betonen. Sich selbst und anderen mit wechselseitiger Wertschätzung und Komplimenten für das, was gut ist, zu begegnen, wieso gehört das eigentlich kaum zu unserer Alltagskultur im Umgang miteinander? Wir können uns gegenseitig wunderbar runtermachen und mit Vorwürfen eindecken, sollen wir aber jemandem etwas Nettes sagen oder unsere Sympathie gestehen, werden wir schnell unsicher oder tun uns schwer. Denken Sie vielleicht an den Giftzwerg (vgl. Abschnitt »Es ist nie zu spät für ein besseres Selbstwertgefühl« ab S. 107) auf Ihrer Schulter, der nicht möchte, dass Sie etwas Nettes gesagt bekommen?

Wie oft sagt man uns eigentlich, was unsere guten Seiten sind? Wann sind Sie zum letzten Mal von jemandem gelobt worden? Hat Ihnen in letzter Zeit jemand gesagt, wie gut Sie etwas gemacht haben? Ihre Familie zum Beispiel oder die Chefin in der Arbeitsstelle? Nein? Wann sagte jemand Ihnen, dass Sie toll aussehen oder dass er etwas Äußerliches an Ihnen besonders schön findet?

Sie können sich nicht so recht daran erinnern …?

Damit stehen Sie nicht allein da.

Jeder Mensch hat gute Seiten. Aber wir leben in einer Gesellschaft, in der von Kindheit an viel zu häufig kritisiert und viel zu selten gelobt wird. Es reicht halt nie und wie siehst du wieder aus?! Viele von uns sind es gewöhnt, vor allem Kritik auszuteilen und selbst kritisiert zu werden.

Diese Aufgabe hilft Ihnen, Ihre eigenen Sonnenseiten besser kennenzulernen und sich an ihnen zu erfreuen! Lassen Sie sich überraschen, was andere Menschen besonders gut an Ihnen finden, was anderen an Ihnen gefällt, womit Sie den Menschen Freude bereiten und so weiter.

Diese Aufgabe zeigt Ihnen, wie Sie positives, freundliches Feedback geben können und wie Sie ein solches Feedback auch selbst annehmen können.

Was Sie dafür benötigen:
Kein besonderes Material nötig.

Wer kann mitmachen:
Sie selbst und eine oder mehrere Freundinnen. Am besten funktioniert diese Übung in einer Gruppe, die von einer Person angeleitet wird.

So viel Zeit sollten Sie sich dafür nehmen:
Zirka 30–45 Minuten.

Aufgabenstellung
Vorbereitung
Setzen Sie sich bequem hin. Sind Sie zu zweit, können Sie sich gegenübersetzen; sind Sie zu mehreren, setzt sich eine von Ihnen in die Mitte auf den »heißen Stuhl« und die anderen im Halbkreis um sie herum.

Wählen Sie aus, wer zuerst Feedback bekommen soll.

1. Schritt: Feedback
Nun sind die anderen gefordert, der ausgewählten Person kurz und in klaren Worten ganz konkret zu sagen, was sie besonders gut an ihr finden. Was gefällt an ihr? Ist es die Haarpracht, das warme Lächeln, wie gut sie zuhören kann, der Schmuck, die Figur?

Versuchen Sie von den üblichen Allgemeinplätzen (»Du bist so stark, mutig, fleißig, lässt dich nicht unterkriegen« usw.) wegzukommen und äußern Sie sich positiv auch über ganz konkrete äußere Details in der Erscheinung Ihres Gegenübers, auch wenn Ihnen das zunächst vielleicht schwerfällt.

Zeigen Sie Wertschätzung für alles, was Ihnen auffällt: »Mir gefällt an dir….«

Während die Gruppenmitglieder der Reihe nach ihre an die Hauptperson in der Mitte gerichteten Komplimente aussprechen, schauen sie ihr bitte jedes Mal offen und direkt in die Augen.

Lassen Sie dabei alles zu, sparen Sie keine Aspekte aus.

Wichtig ist es, ehrlich zu sein und einfühlsam die positiven Seiten herauszustellen.

Es hilft hingegen nicht, zu mogeln, zu schmeicheln oder etwas zu erfinden oder herumzuschwurbeln.

Die ausgewählte Person hört nur zu, sagt selbst nichts, achtet auf ihre Gefühle.

2. Schritt: Reflexion

Anschließend erzählt diejenige, die das Feedback bekommen hat, wie sie die Situation erlebt hat. Sie berichtet, wie sie sich während des Zuhörens gefühlt hat. Sie kann sich auch bedanken.

Die anderen schweigen währenddessen und achten auf ihre Empfindungen.

Haben auch Sie körperliche Reaktionen verspürt, welche Impulse hatten Sie, was hätten Sie am liebsten getan? Hat diese Aufgabe Sie an etwas erinnert? Was war angenehm, was unangenehm?

Bedenken Sie auch: Haben Sie das Gehörte automatisch abwerten wollen, das Lob der anderen kleinmachen? Wir neigen gern dazu, Hintergedanken in zu viele positive Worte hineinzuinterpretieren, oder denken, dass das Lob nicht ehrlich gemeint war, dass jemand nur freundlich sein wollte. Oder wir denken, so viel Komplimente hätten wir gar nicht verdient.

Wenn Sie möchten, sprechen Sie mit den anderen auch über diese Gedanken.

Es kann passieren, dass eine Mutter während dieser Übung auch anfängt zu weinen, weil sie vielleicht schon lange keine Komplimente oder etwas Positives über sich gehört hat. Das Weinen ist aber nicht schlimm. Keine Angst vor Tränen, lassen Sie sie laufen und greifen Sie nicht sofort erschreckt zum üblichen Taschentuch (das zeigt nur Ihre Angst vor heftigen Gefühlen). Tränen, wenn sie denn endlich fließen dürfen, sind oft wie ein starkes Antidepressivum.

Fortsetzung

In der Folge bekommt jede der Anwesenden ebenfalls Feedback. Wiederholen Sie die bisherigen Schritte für jedes Gruppenmitglied.

Weil diese Übung in der Gruppe auf manche am Anfang etwas peinlich wirken kann, hilft es, eine Moderatorin für diese Übung zu bestimmen, die das Ganze anleitet, zum Beispiel auch die Person, die im Zentrum der Gefühlsdusche die Komplimente entgegennimmt. Sie bestimmt, achtet auf den Blickkontakt und darauf, dass keine Plattitüden und Allgemeinplätze ausgetauscht werden, sondern echte Botschaften der Zuneigung und Wertschätzung. Die Moderatorin kann dann auch das Feedback begleiten.

Wenn Sie selber sich diese Übung nicht zutrauen oder sie für sich als kindisch abtun, regen Sie doch an, dass sie in der Kitagruppe Ihres Kindes oder auf dem nächsten Kindergeburtstag gemacht wird. Sie werden staunen, wie viel Echtheit und Freude Kinder im Vor- oder Grundschulalter in dieser einfachen Übung noch entwickeln können. Und vielleicht macht Sie das nachdenklich, was mit Erwachsenen im Laufe ihres Lebens geschehen sein muss, dass sie so große Schwierigkeiten haben, sich ganz einfach etwas Freundliches zu sagen.

ÜBUNG 4 – WORAN MERKT MEIN KIND, DASS ICH ES LIEB HABE?

HABEN SIE EINMAL DARÜBER NACHGEDACHT, woran Ihr Kind erkennen kann, dass Sie es lieb haben? Wie oft zeigen Sie ihm Ihre Gefühle? Und wodurch? Was alles könnte ein Ausdruck Ihrer Liebe sein? Woran kann Ihr Kind merken, dass es sehr wichtig für Sie ist, dass sein Glück Bestandteil Ihres Glücks ist?

Die folgende Aufgabe bietet Ihnen die Gelegenheit, sich Ihrer Liebe zu Ihrem Kind zu versichern und darüber nachzudenken, wie Sie dieses Gefühl zeigen – und wie dies bei Ihrem Kind ankommt. Sie ist am ehesten geeignet für Kinder im Alter von etwa fünf bis zehn Jahren.

Was Sie dafür benötigen:
Papier und Schreibutensilien.

Wer macht mit:
Sie allein (Einzelübung) oder mit einer Freundin.

So viel Zeit sollten Sie sich dafür nehmen:
Zirka 10 Minuten.

Aufgabenstellung
1. Schritt
Nehmen Sie eine entspannte Haltung ein. Wenn Sie möchten, können Sie Entspannungsmusik auflegen. Schließen Sie die Augen, wenn Sie möchten. Atmen Sie ganz bewusst. Lassen Sie Ihre Gedanken vorbeiziehen; entspannen Sie sich immer tiefer.

2. Schritt

Wenn Sie das Gefühl haben, entspannt zu sein, wenden Sie sich der Frage zu: Woran merkt mein Kind, dass ich es lieb habe? Denken Sie darüber nach, fühlen Sie hin, wo Sie gezeigt haben, dass Sie es lieb haben. Was ist geschehen? Was haben Sie getan, was dabei gefühlt? Glauben Sie, dass Ihr Kind das bemerkt hat?

3. Schritt

Kehren Sie langsam aus Ihrer Entspannung zurück. Strecken Sie sich, atmen Sie ein und aus, spannen Sie Arm- und Beinmuskeln an, öffnen Sie die Augen. Lockern Sie Arme und Beine und kehren Sie zurück ins Jetzt.

4. Schritt

Nehmen Sie sich nun Zeit, Ihre Antworten schriftlich zu notieren. Schreiben Sie alles auf, was Ihnen zuvor in den Sinn kam.

Reflexion

Überlegen Sie, welche Signale besonders geeignet sind, um Ihrem Kind Ihre Liebe zu zeigen. Was hat in der Vergangenheit besonders gut geklappt? Wenn eine Freundin bei dieser Aufgabe dabei war, können Sie sich darüber austauschen.

Ergänzung

ACHTUNG! Diese Aufgabe ist nur für Kinder ab etwa fünf Jahren geeignet.

Wenn Sie möchten, fragen Sie Ihr Kind direkt. Suchen Sie sich dafür eine ruhige Stunde und sprechen Sie mit ihm darüber, etwa wenn Sie beide auf dem Sofa kuscheln. Fragen Sie: »Woran merkst du eigentlich, dass ich dich sehr lieb habe?« Manchmal sind die Antworten von Kindern auf diese Frage sehr anrührend und überraschend.

Es kann sein, dass die Antworten Ihres Kindes Ihren eigenen Antworten aus der Aufgabe oben ähneln – es können aber auch ganz andere Aussagen von Ihrem Kind kommen. Beides ist in Ordnung. Unterschiede zeigen nur, wie anspruchsvoll diese Aufgabe sein kann. Es ist sinnvoll, sich über die beiderseitigen Sichtweisen auszutauschen, so können Sie Ihre Liebe noch besser zeigen. Wenn Sie erfahren haben, an welchen Verhaltensweisen oder Worten Ihr Kind Ihre Liebe erkennt, wird es für Sie in Zukunft noch leichter sein, genau auf diese Weise ihm Ihre Liebe zu zeigen.

Bitte bewerten Sie die – mitunter sehr spontane – Antwort Ihres Kindes nicht, sondern nehmen Sie sie liebevoll an, einerlei wie sie ausfällt. Vielleicht braucht Ihr Kind aber auch Zeit, bevor es eine Antwort auf diese Frage weiß. Drängen Sie es nicht, sondern fragen Sie einfach ein anderes Mal erneut danach.

Machen Sie sich anschließend Notizen zu den Antworten Ihres Kindes und reflektieren Sie sie. Wenn Sie wollen, halten Sie Ihre Beobachtungen auch schriftlich fest.

TIPP

Sie können in der Entspannungsphase auch einmal selber überlegen, woran Sie als Kind gespürt haben, dass Ihre Mutter (oder Ihr Vater) Sie geliebt hat. Wenn Ihnen nichts dergleichen einfallen sollte, weil Sie eine sehr schlechte Beziehung zu Ihrer Mutter hatten, kann es langfristig hilfreich sein, sich auch das realistisch einzugestehen. Eine unverstellte Sicht auf inkompetente eigene Eltern ist zwar schmerzlich – aber jedenfalls besser als andauernde Schuldgefühle aus dem kindlichen Motiv der Elternschonung heraus, die Eltern in der Erinnerung zu idealisieren (»Alles in Ordnung…«) und sich selbst ein Leben lang dafür anzugreifen, dass die Eltern so ablehnend mit Ihnen umgegangen sind.

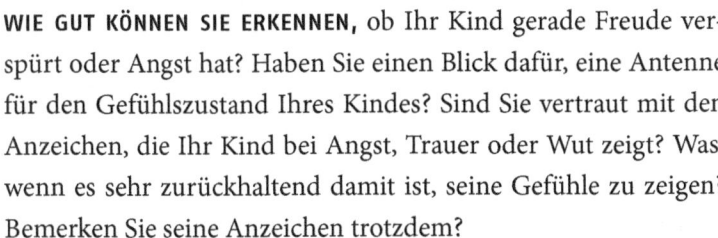

ÜBUNG 5 – GEFÜHLSSPIEL

WIE GUT KÖNNEN SIE ERKENNEN, ob Ihr Kind gerade Freude verspürt oder Angst hat? Haben Sie einen Blick dafür, eine Antenne für den Gefühlszustand Ihres Kindes? Sind Sie vertraut mit den Anzeichen, die Ihr Kind bei Angst, Trauer oder Wut zeigt? Was, wenn es sehr zurückhaltend damit ist, seine Gefühle zu zeigen? Bemerken Sie seine Anzeichen trotzdem?

Können Sie darauf vertrauen, die Gefühle meist richtig einschätzen? Oder haben Sie sich auch schon einmal geirrt, vielleicht eine emotionale Regung übersehen, vielleicht aus Überlastung oder Zeitnot? Oder sind Sie darüber hinweggegangen aus diesen Gründen?

Und wie gut erkennt Ihr Kind die mimischen Anzeichen für Gefühle wie Wut, Trauer oder Angst? Ist es mit dem körpersprachlichen Ausdruck dieser Gefühle vertraut? Kann es die Anzeichen dem richtigen Gefühl zuordnen?

Diese Aufgabe schärft Ihre Fähigkeiten und die Ihres Kindes, die Gefühle anderer Menschen noch besser zu erkennen. Damit sind Sie beide in der Lage, angemessen auf Gefühle wie Angst, Freude, Trauer oder Wut zu reagieren. (Zum Hintergrund können Sie noch einmal den Abschnitt über kindliche Gefühle ab Seite 41 nachlesen.)

Was Sie dafür benötigen:
Gefühlskarten, siehe das Buch Franz (2014)

Wer macht mit:
Sie und Ihr Kind (Partnerübung).

So viel Zeit sollten Sie sich dafür nehmen:
Nach Belieben!

Aufgabenstellung

Setzen Sie sich in einer ruhigen Stunde einander gegenüber.

Legen Sie die verschiedenen Gefühlskarten vor sich auf.

Entweder Sie oder Ihr Kind wählt eine Karte, ohne dem Gegenüber zu verraten, welche.

1. Schritt

Ihr Kind stellt nun das Gefühl, das auf der gewählten Karte abgebildet ist – etwa Freude – mimisch, also mit seinem Gesicht dar. Es kann beispielsweise lächeln oder lachen, oder was immer ihm dazu einfällt.

Das Gegenüber, in dem Fall Sie, soll das Gefühl erraten, das Ihr Kind darzustellen versucht.

Spielen Sie dieses Spiel mehrmals so lange Sie möchten, indem Sie immer wieder die Rollen wechseln und Sie abwechselnd Karten ziehen.

2. Schritt

In einem weiteren Durchgang legen Sie wieder alle Karten aus. Wieder wählen Sie eine Gefühlskarte aus. Diesmal geht es darum, dieses Gefühl mittels Körpersprache und Verhalten darzustellen. Der andere soll das Gefühl erraten. Wählt Ihr Kind etwa die Karte Wut, kann es die Fäuste ballen, mit dem Fuß aufstampfen oder Drohgebärden machen.

Sie erraten, welches Gefühl dargestellt wird.

Wechseln Sie auch hier öfter die Rollen, beobachten Sie, wie gut Ihr Kind die Gefühle erraten kann und wo es vielleicht Nachholbedarf haben könnte.

3. Schritt

Sie legen wieder alle Karten aus und Ihr Kind wählt eine Gefühlskarte aus. Diesmal benennt es das dargestellte Gefühl direkt und Sie bitten Ihr Kind, einmal zu berichten, wann und in welcher Situation es selber das auf der Karte dargestellte Gefühl empfunden hat, wann es selber einmal wütend, traurig, fröhlich oder ängstlich war. Vielleicht war es auch einmal über Sie wütend oder Ihretwegen traurig. Nehmen Sie das dann einfach verständnisvoll entgegen, ohne sich zu verteidigen. Es ist kein Angriff, sondern ein großer Vertrauensbeweis, wenn Ihr Kind sich traut, Ihnen seine auf Sie bezogenen Gefühle offen mitzuteilen.

Reflexion

Wenn Sie den dritten Schritt nicht spielen, tauschen Sie sich aber anschließend doch darüber aus, welche Gefühle Ihr Kind aus dem eigenen Leben kennt, wann es sich zuletzt ängstlich, traurig oder wütend gefühlt hat. Fragen Sie nach, wie es damit umgegangen ist.

Achten Sie darauf, welche Gefühle bei all diesem in Ihnen selbst auftauchen. Kann es sein, dass Sie bestimmte Gefühle Ihres Kindes nicht so gut aushalten können wie andere? Und woran könnte das liegen? Welche Konsequenzen hat das vielleicht für die Entwicklung Ihres Kindes, wenn es Ihnen dies anmerkt?

ÜBUNG 6 – ETAPPENÜBUNG

WIE GENAU ACHTEN SIE IM ALLTAG AUF DAS, was Ihr Gegenüber sagt? Wie aufmerksam hören Sie Ihrem Kind zu? Achten Sie auf seine Wortwahl und darauf, wie es Ihnen etwas sagt? Oder gehen Sie über manches hinweg, vielleicht aus Zeitnot oder weil Sie gerade müde sind? Das passiert natürlich jedem einmal, aber es sollte nicht zur Regel werden.

Einfühlsames Zuhören ist ein wichtiger Weg, um auf Ihr Kind einzugehen und seine Gefühle kennenzulernen, die sich etwa hinter seinen manchmal wie nebenbei erzählten Erlebnissen oder Angelegenheiten verbergen können.

Zum einfühlsamen Zuhören gehört gerade bei kleinen Kindern nicht nur, inhaltlich auf die Wörter zu achten, sondern auch auf den Tonfall, den Gesichtsausdruck, den Blick, die Gesten, darauf, wie die Körpersprache wirkt.

Manchen Menschen sieht man Freude oder Ärger auf den ersten Blick an, andere verbergen recht gut, wie sie sich gerade fühlen. Wieder andere wissen selber überhaupt nicht, was und wie sie sich fühlen, und können es deshalb auch nicht so genau sagen. Diese Menschen bezeichnen manche Wissenschaftler übrigens als »alexithym«. Außerdem können widersprüchliche Gefühle zur gleichen Zeit vorhanden sein. Dann wird es schwierig für andere, sich in diesen Menschen einzufühlen. Manche Menschen verstellen sich auch, um ihre wahren Gefühle zu verbergen.

Je mehr Sie sich um einfühlsames Zuhören bemühen, umso besser können Sie jedoch auch in schwierigen Fällen zufriedenstellende Gespräche mit anderen Menschen führen. Wenn Sie Ihrem Kind einfühlsam zuhören, zeigen Sie ihm auch Ihre Wertschätzung und Ihr Interesse an dem, was es bewegt. Das beeinflusst das ganze Gespräch zum Positiven. Gerade Kinder haben noch wenig

Erfahrung im Umgang mit ihren Gefühlen und können sie anfangs nur schwer einschätzen, mitteilen oder steuern.

Jeder gesprochene Satz kann also sehr verschiedene Informationsarten enthalten, die auch Missverständnisse zwischen dem, was jemand sagt, und dem, was verstanden wird, auslösen können.

▶ Sachinformation: Sie enthält die inhaltliche Information, etwa: »Das Buch liegt auf dem Tisch.«

▶ Beziehungsinformation: eine Information zur Beziehung zwischen Sprecher und Zuhörer. So unterscheidet sich ein Satz, je nachdem, ob es um vertraute Kollegen oder eine distanzierte Chef-/Angestellten-Beziehung geht.

▶ Selbstoffenbarung: Etwas, das der Sprecher mit dem Satz über sich sagt.

▶ Appell: Ein Aufruf an den Zuhörer, bei welchem er eine bestimmte Reaktion auslösen möchte. »Die Suppe ist zu wenig gesalzen« könnte auch heißen: »Bitte gib mir das Salz« oder – je nach Unterton in der Stimme: »Du wirst es nie lernen …«

Um Ihrem Kind einfühlsam zuzuhören, ist es zudem ratsam, es behutsam zum Weitersprechen zu ermutigen, um Weiteres herauszufinden. Fragen Sie nach, eventuell können Sie seine Gefühle achtsam spiegeln und sie zusammenfassen. Lassen Sie ihm Zeit, seine Gefühle zu erspüren, und vermitteln Sie, dass Sie die Gefühle verstehen und akzeptieren.

In dieser Aufgabe lernen Sie den Unterschied zwischen einfühlsamem Zuhören und Achtlosigkeit im Umgang mit dem anderen aus nächster Nähe kennen, ja, Sie erfahren es am eigenen Leib – und lernen, in Zukunft aufmerksamer und einfühlsamer zuzuhören!

Was Sie dafür benötigen:

Karten, auf denen die Etappentitel und die Aufgabe der Bericht-erstatterin (siehe unten) geschrieben sind und die Sie abwechselnd ziehen. Zusätzlich zu den vorgeschlagenen Etappen und Aufgaben können Sie noch eigene Vorschläge erfinden (Zum Beispiel »Du gehst mir auf die Nerven«).

Wer macht mit:

Zu zweit mit Freundin, eventuell auch mit mehreren Personen (Gruppenübung).

So viel Zeit sollten Sie sich dafür nehmen:

Zirka 30 Minuten.

Aufgabenstellung

Erstellen Sie eine Etappenkarte, auf der das Etappenmotto vermerkt ist, das heißt der Auftrag der Zuhörerin und der Auftrag an die Berichterstatterin. Sie ziehen eine Etappenkarte, lesen verdeckt, wie Sie sich als Zuhörerin dann im Gespräch verhalten sollen, zum Beispiel: »Ist mir doch egal, was die erzählt.« Dann lesen Sie Ihrem Gegenüber, der Berichterstatterin, deren Auf-gabe vor, die sie im Gespräch mit Ihnen thematisieren soll. Halten Sie diese Gesprächssituation bitte etwa fünf Minuten durch. Die Berichterstatterin soll danach erzählen, wie Sie sich gefühlt hat, und dann auch erraten, nach welchem Drehbuch die »Zuhörerin« agiert hat, also was als Ihre Rolle auf der Etappenkarte stand.

1. Etappe: »Ist mir doch egal, was die erzählt«
Aufgabe der Berichterstatterin: »Bitte erzähl doch mal, was ihr am letzten Wochenende (oder gegebenenfalls zu einem anderen Anlass) Nettes zu-sammen gemacht habt.«

Aufgabe der Zuhörerin, die die Karte gezogen hat: Sie achten überhaupt nicht darauf, was berichtet wird. Sie können wegsehen, etwas ganz anderes machen, sich abwenden, auf die Uhr sehen, sich umständlich die Nase putzen (bitte ernst dabei bleiben und auch mal in gelangweiltem Ton versichern, wie interessant das alles sei), woanders hinsehen, gähnen, den Blick verweigern oder was auch immer tun, um fehlendes Interesse zu signalisieren.

2. Etappe: »Seinen Senf dazugeben«

Aufgabe der Berichterstatterin: »Bitte erzähle, was dich in der letzten Zeit am meisten gefreut hat.«

Aufgabe der Zuhörerin, die die Karte gezogen hat: Sie hören diesmal zu, unterbrechen aber ständig, um selbst etwas Ihrer Ansicht nach Wichtigeres zum Thema zu sagen, Ihre gegenläufige Meinung dazu abzugeben oder von etwas ganz anderem zu reden, weil es Ihnen gerade eingefallen ist.

Beispiel: Eine Teilnehmerin erzählt von ihrer letzten Reise, die andere unterbricht, um von eigenen Reiserlebnissen zu erzählen, drängelt sich immer wieder mit eigenen Erlebissen dazwischen und lässt der anderen keinen Raum, von sich zu sprechen.

3. Etappe: »Halb so schlimm«

Aufgabe der Berichterstatterin: »Bitte erzähle, was dir in der letzten Zeit am meisten Kummer bereitet hat.«

Aufgabe der Zuhörerin, die die Karte gezogen hat: Sie hören der Berichterstatterin diesmal zwar zu. Sie geben ihr aber ständig supergute Tipps, was sie tun, lassen oder sagen soll. Sie können zum Beispiel sagen: »Aber das ist doch gar kein so großes Problem«, »Es wird schon vorübergehen« oder »Du solltest lieber das und das tun« oder »Anderen geht es noch viel schlechter« oder gar »Stell dich doch nicht so an!«.

Hintergrund: Eine Seite will, dass die andere eine schnelle Lösung findet – Gefühlsäußerungen werden ihr dabei aber nicht zugestanden. Das Ganze ist lästig und soll mit Billigtrostbemerkungen entsorgt werden. Man tut nur so, als sei man an der Person und ihrem Problem interessiert, will aber nicht mitfühlen, sondern das ganze Thema (und die damit zusammenhängenden Gefühle) soll möglichst schnell vom Tisch: ein echter Beziehungskiller.

4. Etappe: »Zuhören und verstehen«

Aufgabe der Berichterstatterin: »Bitte erzähle, wann du das letzte Mal sehr gekränkt warst.«

Aufgabe der Zuhörerin, die die Karte gezogen hat: Diesmal wird der Erzählerin aufmerksam und einfühlsam zugehört. Das Gegenüber wendet sich mit Blickkontakt zu, kommentiert mimisch passend das Erleben der Berichterstatterin, darf vorsichtig einfache Fragen stellen, etwa zu ihrem Empfinden (»Wie ging es dir dabei?«), und zeigt Verständnis (»Da hätte ich mich auch schlecht gefühlt …«) ohne dazwischenzureden oder in den Lösungsmodus zu verfallen.

Zuhören und Verstehen funktionieren nur, indem Sie sich ganz Ihrem Gegenüber zuwenden, wenn Sie Ihre eigenen Kommentare und Handlungsimpulse dazu zurückhalten können und an dem, was Ihr Gegenüber auf dem Herzen hat, auch Anteil nehmen. Diese Anteilnahme können wir durch aufmerksames Zuhören, anteilnehmende Worte, körpersprachlich oder durch Wiederholen des Gehörten mit eigenen Worten und Nachfragen, wenn etwas unklar ist, zeigen.

Reflexion

Denken Sie nach jeder dieser vier Etappen darüber nach, wie es Ihnen mit den jeweiligen Reaktionen Ihres Gegenübers ergangen ist. Tauschen Sie sich über das Erlebte aus. Was haben Sie als Berichterstatterin und als Zuhörerin empfunden? Wie war das Verhalten der Zuhörerin für Sie? Können Sie erraten, nach welchem Motto sie sich Ihnen gegenüber verhalten hat? Welches Verhalten fühlte sich am besten an? Warum? Hören Sie genau in sich hinein, welche Reaktionen welches Zuhör-Verhalten bei Ihnen auslöst. Wenden Sie Ihre Erkenntnisse aus dieser Übung in der Folgewoche einmal ganz bewusst im Gespräch mit Ihrem Kind an, besonders wenn es um stark gefühlsbetonte Erlebnisse und Situationen geht, etwa weil beim Spielen etwas zu Bruch gegangen ist oder Ihr Kind Streit mit einem anderen Kind hatte. Bemühen Sie sich darum, ihm in dieser Situation besonders aufmerksam zuzuhören. Vermeiden Sie es, vorschnell Ratschläge zu geben, fragen Sie nach, ob Sie alles richtig verstanden haben, und suchen Sie dann gemeinsam mit Ihrem Kind nach einer Lösung.

Wenn Sie dies immer wieder üben, wird es Ihnen immer besser gelingen, für Ihr Kind eine einfühlsame Zuhörerin zu sein. Und je besser sich Ihr Kind von Ihnen emotional verstanden fühlt, umso weniger »Lärm« muss es verursachen, um sich verständlich zu machen, umso seltener muss es sich zurückziehen, weil es sich nicht verstanden fühlt – je nach Bindungmuster, wie Sie sich vielleicht erinnern.

ÜBUNG 7 – UNEINFÜHLSAMES UND EINFÜHLSAMES HANDELN. SCHLECHTE ABHÄNGIGKEIT – GUTE ABHÄNGIGKEIT

KENNEN SIE DAS AUCH? Wie oft im Leben werden wir herumgeschubst oder ohne Entschuldigung angerempelt? Wir drängeln uns durch die Menge, ohne Rücksicht zu nehmen, in der U-Bahn tritt man den anderen auf die Füße. Wie oft haben Sie schon Ihr Kind mitgezerrt, weil Sie einen wichtigen Termin hatten, der nicht versäumt werden durfte, und Ihr Kind herumtrödelte?

Haben Sie schon überlegt, wie unangenehm solch ein Verhalten für Ihr Kind ist? Immerhin ist es kleiner als Sie, es kann also gar nicht so schnell gehen und hat vielleicht etwas ganz anderes im Kopf als Sie. Doch auch für Erwachsene kann uneinfühlsames Handeln sehr irritierend sein.

Die folgende Aufgabe öffnet Ihnen die Augen, wie sich ein nicht sehr einfühlsames und grobes Verhalten am eigenen Leib anfühlt. Es geht um schlechte und gute Abhängigkeit und darum, wie und woran man sie erkennt.

Was Sie dafür benötigen:
Kein besonderes Material nötig. Diese Bewegungsübung braucht aber Platz in einem großen Raum oder draußen, sodass man sich nicht stoßen kann.

Wer macht mit:
Partnerübung zu zweit, zum Beispiel mit einer Freundin. Besser ist noch eine weitere begleitende Person, die mit aufpasst.

So viel Zeit sollten Sie sich dafür nehmen:
Zirka 20 Minuten.

Aufgabenstellung

Sie und Ihre Freundin stellen sich einander gegenüber hin. Eine von Ihnen, die geführt werden soll, streckt die Arme der anderen entgegen, schließt die Augen und hält sie geschlossen.

Das »sehende« Gegenüber nimmt nun die »blinde« Partnerin an den Händen und beginnt, sie wenig einfühlsam und ohne jede Art von Achtsamkeit durch den Raum zu zerren. Sie achtet nicht auf den Gesichtsausdruck der geführten Person, sondern schaut dahin, wohin sie steuern möchte. Sie kann dabei etwa abrupt die Richtung wechseln, ohne Vorwarnung stehen bleiben, ruckartig weitergehen, heftig zwischen Vorwärts- und Rückwärtsschieben wechseln und dergleichen mehr. Machen Sie diese Übung ruhig heftig. aber nicht brutal, Stürze unbedingt vermeiden. Sollte es für die geführte Person zu schlimm werden, darf sie natürlich die Augen öffnen oder »Stopp« sagen. Nach ein paar Minuten (mindestens zwei) wechseln Sie und spielen die Situation noch einmal mit umgekehrten Rollen durch.

Reflexion

Sprechen Sie anschließend mit Ihrer Freundin über Ihr Erleben bei dieser Aufgabe.

Für die, die geführt wurde: Wie hat es sich angefühlt, so durch den Raum gezerrt zu werden? Was ist Ihnen dabei aufgefallen? Was hätten Sie am liebsten gemacht, wie auf das grobe Herumgeführtwerden reagiert? Waren Sie irritiert? Verunsichert? Kamen Ängste auf? Wie hat Ihr Körper auf diese Erfahrung reagiert? Welche Erinnerungen wurden wach? Was ging Ihnen durch den Kopf?

Für die, die geführt hat: Wie war es, jemand anderen so schroff herumzuführen? Welche Gefühle kamen in Ihnen auf? Hat das Spaß gemacht? War es unangenehm? War es anstrengend? Haben Sie sich gut zusammen gefühlt? Wollten Sie sich womöglich entschuldigen? Welche Gedanken kamen in Ihnen auf? Vielleicht sogar unangenehme Erinnerungen?

Einfühlsames Handeln

Im nächsten Schritt probieren Sie die positive Variante aus, wie Menschen einander einfühlsam behandeln können. Wieder wird blind geführt, aber diesmal sehr behutsam, vorsichtig. Die führende Person hält stets Blickkontakt zum Gesicht der geführten Person, es entspinnt sich fast so etwas wie ein abgestimmter langsamer Tanz. Richtungswechsel finden nur vorsichtig und achtsam statt, die beiden Personen verschmelzen in ihren Bewegungen fast zu einer Gesamtgestalt, es wird für beide viel einfacher als zuvor und es entsteht sogar nach und nach Vertrauen, stillschweigendes Einverständnis und Vertrauen ineinander. Sie werden selbst erleben, wie Sie auf diese Weise gemeinsam viel einfacher ein Ziel erreichen können.

Reflektieren Sie anschließend wieder Ihr Erleben auf beiden Seiten, also Führende und Geführte. Erinnern Sie sich Ihrer Gefühle während des einfühlsamen gemeinsamen Herumgehens.

Einfühlsam handeln im Umgang mit Ihrem Kind

Wenden Sie nun den selbst erlebten einfühlsamen Umgang auch im Alltag zusammen mit Ihrem Kind an. Erinnern Sie sich, welche Art des Führens und des Umgangs für Sie angenehm war. Verhalten Sie sich auch selbst so gegenüber Ihrem Kind. Ihr Kind ist in vielem von Ihnen als Mutter abhängig; ein einfühlsamer Umgang jedoch kann diese Art von Abhängigkeit zunehmend angstfrei gestalten. Zeigen Sie Ihrem Kind auch, dass Sie seine jeweiligen Wünsche nach Bindung oder Erkundung seiner Umwelt erkennen und beachten.

Sie werden mit der Zeit immer besser und geübter im einfühlsamen Führen Ihres Kindes werden. Dies ermöglicht es Ihrem Kind, Ihr Verhalten immer besser einzuschätzen, es weiß so, was es von Ihnen erwarten kann. So kann es Vertrauen in Sie und Ihre Betreuung aufbauen.

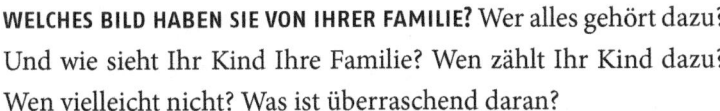

ÜBUNG 8 – FAMILIENBILDER

WELCHES BILD HABEN SIE VON IHRER FAMILIE? Wer alles gehört dazu? Und wie sieht Ihr Kind Ihre Familie? Wen zählt Ihr Kind dazu? Wen vielleicht nicht? Was ist überraschend daran?

Mit dieser Aufgabe lernen Sie vielleicht ganz neue Sichtweisen auf Ihre Familie und die Familienmitglieder kennen!

Was Sie dafür benötigen:
Zeichenpapier und Farben, zum Beispiel Buntstifte, Wachsmalstifte oder Wasserfarben.

Wer macht mit:
Sie und Ihr Kind.

So viel Zeit sollten Sie sich dafür nehmen:
30–40 Minuten.

Aufgabenstellung

Nehmen Sie sich für dieses Vorhaben genügend Zeit. Ihr Kind und Sie selbst malen jeweils ein Bild von Ihrer Familie. Jeder sollte sich in eine ruhige Ecke zurückziehen und das Bild allein gestalten. Es gibt keine Vorgabe, wie die Bilder auszusehen haben. Alles ist erlaubt, wichtig ist, das ganze Blatt zu verwenden. Vergessen Sie dabei nicht, sich selbst auch in das Bild hineinzuzeichnen! Lassen Sie Ihr Kind in Ruhe malen. Wenn es um Hilfe bitten sollte, sagen Sie ihm in ruhigem Ton, dass es bestimmt alles selber schafft (»Mach nur weiter, so wie du es machst, ist es bestimmt richtig, du schaffst das schon ...«). Vervollständigen Sie das Bild Ihres Kindes nicht, ändern und ergänzen Sie nichts. Es geht nicht darum, perfekte Bilder zu zeichnen, sondern dass Sie und Ihr Kind Ihre jeweiligen Sichtweisen ausdrücken, jeder von Ihnen so, wie er mag, und so individuell, wie jeder die Familie eben sieht.

Reflexion

Betrachten Sie anschließend Ihre Werke und bestaunen Sie sie gemeinsam. Manches mag unterschiedlich sein, anderes wird sich ähneln auf beiden Bildern.

Wie hat Ihr Kind die Größenverhältnisse der Familienmitglieder dargestellt, vielleicht jemanden kleiner, jemand anderen besonders groß gezeichnet? Vielleicht hat Ihr Kind auch die Tiere auf das Bild gemalt, die vielleicht zur Familie gehören; auch das ist in Ordnung.

Ist die ganze Familie auf dem Bild – oder wer fehlt möglicherweise?

Wo hat Ihr Kind seinen Vater hingemalt, wo ist er in Ihrem Bild?

Lassen Sie Ihr Kind das Bild beschreiben, lassen Sie alles so stehen, wie es gesagt wird, ohne nach einem »Warum« zu fragen. Kinder können mit erwachsenen Warum-Fragen nicht so gut umgehen.

Lassen Sie sich von den Geschichten zu den dargestellten Familienmitgliedern überraschen, die Ihr Kind erzählt.

Sprechen Sie auch über das von Ihnen gemalte Bild und stellen Sie fest, welche Unterschiede und welche Gemeinsamkeiten Ihre beiden Bilder haben! Werten, loben oder kritisieren Sie hierbei nichts, sondern stellen Sie nur fest.

Erfreuen Sie sich an Ihren Bildern! Vielleicht hängen Sie sie nebeneinander auf? Vielleicht schicken sie auch ein Foto der Bilder an den Vater Ihres Kindes?

In einer ruhigen Viertelstunde schauen Sie sich die beiden Bilder noch einmal ohne Ihr Kind an und überlegen Sie, welche Wünsche, Gefühle und Botschaften Ihr Kind in seinem Bild wohl untergebracht haben könnte. Behalten Sie diese Gedanken aber für sich.

ÜBUNG 9 – SELBSTWERTGEFÜHL: SO WERDEN SIE ALS MUTTER STARK

ALS MUTTER SIND SIE STÄNDIG GEFORDERT, das Wohlergehen Ihres Kindes steht an oberster Stelle. Doch wann haben Sie sich eigentlich das letzte Mal selbst etwas Gutes gegönnt? Auch Sie haben Anspruch darauf, auch Sie brauchen etwas, was der Seele, dem Geist und Körper guttut.

Die folgende Aufgabe soll Ihnen dabei helfen.

Was Sie dafür benötigen:
Kein besonderes Material nötig.

Wer macht mit:
Entweder Sie allein, fallweise Ihre Freundinnen oder Ihr Kind.

So viel Zeit sollten Sie sich dafür nehmen:
Täglich abends 10 Minuten für die Vorbereitung.

Aufgabenstellung

Überlegen Sie sich jeden Abend, was Sie am nächsten Tag Angenehmes und Schönes für sich selbst tun möchten und wie Sie das in den Tag einbauen können. Dies kann sich an den verschiedenen Tagen auf unterschiedliche Lebensbereiche beziehen, wie zum Beispiel:

Dinge, die Sie ganz für sich allein tun können

Etwa ein Schaumbad nehmen oder ein Saunabesuch, eine Massage, ein Waldspaziergang oder was auch immer Ihnen einfällt. Tun Sie, was Ihrem Körper guttut und Ihre Gesundheit stärkt, aber greifen Sie bitte nicht zu Zigaretten oder Wein, die nur vermeintlich guttun. Gönnen Sie sich dafür lieber ein besonders gesundes Essen oder machen Sie sich einen Smoothie.

Dinge, die Ihrer Seele guttun

Ein gutes Gespräch führen, einen sentimentalen Kinofilm ansehen, ein Musikstück hören, sich einen schönen Blumenstrauß leisten, ein Konzert oder ein Museum besuchen – hierzu zählt alles, was positive Gefühle hervorruft und Ihr Wohlbefinden steigert. Sie können beispielsweise auch ein Entspannungsverfahren wie Progressive Muskelrelaxation oder Autogenes Training lernen (Volkshochschulen bieten solche Kurse oder auch Qi Gong an).

Dinge, die Ihnen und Ihrem Kind guttun

Gemeinsame Wohlfühlaktivitäten wie das Vorlesen einer Gutenachtgeschichte am Abend, gemeinsam eine Lieblingsspeise kochen oder einen Kuchen backen, einen Streichelzoo besuchen, eine Kindermassage nach dem Vorbild Pizzabacken (siehe wir2-Manual) und Ähnliches mehr.

Aktivitäten, die Ihre Weiblichkeit stärken

Tun Sie sich und Ihrer Weiblichkeit Gutes und tun Sie etwas für Ihre Attraktivität. Das könnte etwa der Besuch bei einer Kosmetikerin sein oder ein neuer Lippenstift, der Besuch eines Tanz-, Gymnastik- oder Schminkkurses, ein Friseurbesuch – im Grunde alles, was Ihnen hierzu einfällt. Achten Sie bei der Auswahl ihrer Kleidung darauf, dass Sie sich wohlfühlen und auch ihre weibliche Ausstrahlung unterstrichen wird. Behalten Sie dabei aber Ihre finanziellen Möglichkeiten im Blick. Unnötig zu erwähnen: Natürlich schadet Rauchen nicht nur Ihrem Geldbeutel, sondern auch Ihrer Weiblichkeit.

Wenn Sie ein nettes Kompliment bekommen (es gibt natürlich auch manipulative oder nicht ernst gemeinte Komplimente von weniger netten Personen), reagieren Sie nicht abweisend oder kleinredend, sondern zeigen Sie Ihre Freude. Kurz: Nehmen Sie Komplimente wahr und an.

Aktivitäten in Gemeinschaft

Unternehmen Sie gemeinsam mit anderen Menschen etwas, knüpfen Sie neue Kontakte, aber seien Sie vorsichtig bei der Kontaktsuche im Internet oder über kommerzielle Organisationen. Gehen Sie beispielsweise mit Freunden wandern oder zum Brunch oder gehen Sie ins Kino, zu einer Theatervorstellung, in einen Tanzkurs, Verein oder eine Gymnastikgruppe. Oder besuchen Sie Kurse an der Volkshochschule oder gehen Sie zu Vortragsveranstaltungen zum Beispiel in Kulturvereinen oder an die Universität.

Entspannungsmomente im Berufsalltag

Wenn Sie einer Berufstätigkeit nachgehen, können Sie vielleicht auch dort kleine Wellness-Inseln schaffen und in den Berufsalltag einbauen. Überlegen Sie gemeinsam mit den Kolleginnen und Kollegen, was das sein könnte – und setzen Sie dies dann in die Tat um, natürlich ohne Ihre Aufgaben zu vernachlässigen.

Zusammengefasst geht es in dieser Aufgabe darum, positive Anregungen für Körper, Geist und Seele zu finden, die Genuss, Entspannung und Freude versprechen. Ihr Selbstwertgefühl wird es Ihnen danken!

ÜBUNG 10 – DER KLEINE ROSA ELEFANT

UND WIEDER EINMAL IST ES PASSIERT: Ihr Kind muss von jemandem Abschied nehmen, diesmal vielleicht von einem liebgewonnenen Schulfreund, der in eine andere Stadt zieht. Das Verlustgefühl scheint unermesslich. Ihr Kind ist traurig, und Sie möchten gern helfen, wissen aber nicht so recht, wie.

Auch Kinder müssen öfter mit Verlusten fertigwerden, sei es durch Umzug, Schulwechsel oder einen Schicksalsschlag. Ein geliebter Mensch – oder ein Tier – fehlt plötzlich. Die Verluste können unvermittelt eintreten, wenn das Kind gerade noch fröhlich gespielt hat. Umso größer ist dann seine Trauer.

Mit dieser Geschichte können Sie Ihrem Kind dabei helfen, besser mit Verlusten und den dann völlig berechtigterweise auftretenden Gefühlen von Trauer, Enttäuschung und vielleicht auch Wut zurechtzukommen und Wege zu finden, diese Ereignisse und Gefühle angemessen zu verarbeiten. Geschichten wie diese ermöglichen es, Anregungen zu geben, Anteil am Schicksal zu nehmen, gleichzeitig aber auch Abstand zu halten, weil der Verlust nicht dem Kind selbst, sondern in einer Geschichte einem Elefanten im fernen Afrika zustößt.

Was Sie dafür benötigen:
Die Geschichte »Der kleine rosa Elefant« siehe Seite 168.

Wer macht mit:
Sie und Ihr Kind.

So viel Zeit sollten Sie sich dafür nehmen:
Zirka 40 Minuten, am besten vor dem Einschlafen.

Aufgabenstellung
Vorbereitung

Lesen Sie die Geschichte zunächst allein. In dieser Erzählung vom kleinen rosa Elefanten finden sich die typischen Begleiterscheinungen bei Verlusten wieder: Traurigkeit, Leere, Wut und der Verlust von Neugier, Freude am Spiel und an Lebenslust. Die anderen Elefanten führen vor, wie Trauer nicht bewältigt wird: Sie lenken den kleinen rosa Elefanten ab, wollen seine Gefühle kleinreden, die Bedeutung des Geschehens herunterspielen oder überhaupt von einem anderen Thema sprechen.

Die einfühlsame Eule Heureka hingegen weiß, wie der kleine rosa Elefant am besten mit seiner Trauer umgehen kann. Sie erkennt, dass er traurig ist, statt dies infrage zu stellen, und der Elefant darf sich verstanden fühlen – ein Vorbild für einfühlsames elterliches Verhalten.

Zudem erklärt die Eule dem rosa Elefanten, dass Verlust Teil des Lebens und Trauer ein Prozess ist, der auch wieder vorbeigehen wird. Schließlich gibt ihm die Eule Tipps für sein Verhalten, die einem sicheren Bindungsmuster (vgl. Seite 75) entsprechen: seine Gefühle, seine Trauer um den verlorenen Freund offen auszudrücken, sich mit seinem Kummer einem nahestehenden Menschen anzuvertrauen und dem verlorenen Freund weiterhin einen Platz in seinem Herzen einzuräumen.

Durchführung

Lesen Sie die Geschichte vor, wenn Sie ungestört sind und Ruhe haben.

Sprechen Sie anschließend mit Ihrem Kind über die Geschichte. Sie können fragen, was ihm daran gefallen hat, welche Gefühle die Geschichte des kleinen rosa Elefanten bei ihm ausgelöst hat und wie es sich selbst dabei fühlte. Sprechen Sie auch darüber, wie der Elefant es geschafft hat, dass es ihm wieder besser ging. Und fragen Sie ihr Kind, wie ihm der Schluss der Geschichte gefallen hat.

Wenn Sie möchten, können Sie Ihr Kind auch fragen, ob es schon selbst eine ähnliche Situation erlebt hat und was es damals tat, um wieder fröhlicher zu werden. Sie können sich darüber unterhalten, auf welche unterschiedliche Weise man mit Situationen von Traurigkeit, Trennung und Verlust umgehen kann.

Sprechen Sie über alles, was zur Sprache kommt. Seien Sie bei diesem Gespräch einfühlsam und achten Sie darauf, wann Ihr Kind überfordert ist. Jedes Kind wird nur so viel und das sagen, wozu es bereit ist.

Beobachten Sie auch, welche Gefühle das Zusammensein und diese Unterhaltung mit Ihrem Kind bei Ihnen selbst auslösen.

Diese Geschichte vom kleinen rosa Elefanten kann ein Modell für Ihr Kind darstellen, an dem es lernt, wie es mit Verlustgefühlen umgehen kann. Sie zeigt auch Ihnen, wie wichtig eine sichere Bindung ist und dass Sie als Mutter immer da sind, um Trost und Hilfe zu geben.

Der kleine rosa Elefant

In Afrika lebte einmal eine große Elefantenherde. Hier lebte auch ein kleiner Elefant mit seinen Eltern. Das besondere an ihm war, dass er rosa war. Er hieß Benno. Er war ein sehr fröhlicher kleiner Elefant und alle mochten ihn gerne. Der kleine rosa Elefant hatte einen allerbesten Freund, mit dem er oft spielte. Für Benno war er ein ganz besonderer Elefant und er hieß Freddi. Freddi hatte rote Punkte überall auf seiner Haut.

Die beiden kleinen Elefanten hatten schon viel miteinander erlebt. Sie hatten zusammen herumgetobt und mit Wasser gespritzt, sie waren durch den Wald gelaufen und faul im Schatten gelegen.

Sie verstanden sich so gut, dass sie oft gar nicht miteinander sprechen mussten. Sie sahen sich nur an und wussten, was der andere wollte.

Eines Tages sagte Freddis Mutter: »Wir ziehen nun mit unseren Verwandten in eine andere Richtung weiter. Kinder, Ihr müsst Abschied voneinander nehmen.« Die beiden kleinen Elefanten waren sehr betrübt, weil sie so aneinander hingen. Zum Abschied winkten sie sich mit ihren Rüsseln zu.

Der kleine rosa Elefant wurde sehr traurig, so sehr, dass er keine Lust mehr zum Spielen hatte. Das Essen schmeckte ihm nicht mehr, er rannte nicht mehr und spritzte nicht mehr mit Wasser. Alles kam ihm grau und leer vor ohne Freddi. Und manchmal war er wütend auf Freddis Mutter, die Freddi mitgenommen hatte. »Spiel doch etwas Schönes, dann denkst du nicht daran«, sagte ein Elefant aus der Herde. »Reiß dich zusammen«, sagte ein anderer Elefant, als der rosa Elefant weinte. »Das ist doch nicht so schlimm, das passiert doch jedem einmal«, sagte ein dritter. Und ein vierter sagte: »Such dir doch einen neuen Freund.« Alle machten sich große Sorgen um Benno.

Der kleine Elefant versuchte zu spielen, versuchte lustig zu sein, versuchte zu rennen, versuchte alles zu vergessen, aber nichts gelang ihm.

Von Tag zu Tag wurde er trauriger. Eines Tages, als Benno besonders traurig war, beschloss er zur Eule Heureka zu gehen. Die Eule war alt und weise und bei allen Tieren der Gegend bekannt. Manchmal gingen die Elefanten zu ihr, wenn sie einen Rat brauchten. Solange der kleine rosa Elefant denken konnte, saß Heureka jeden Abend bei Sonnenuntergang auf demselben Baum und hörte zu, was die Tiere ihr erzählten.

Der kleine Elefant machte sich auf den Weg: durch einen großen Wald, über Wiesen, an einem See entlang und noch einmal durch einen Wald. Drei Tage, sieben Stunden und hundert Schritte war er unterwegs, bis er bei der Eule ankam. Die Eule Heureka hörte sich den Kummer des kleinen Elefanten an. Sie überlegte eine Weile, legte den Kopf ein wenig schief und sagte:

»Drei Dinge kannst du tun. Erstens: Wenn du traurig bist, dann weine, egal was die anderen dazu sagen. Mit dem Weinen ist es nämlich wie bei einer dunklen, dicken Regenwolke. Wenn sie sich ausgeregnet hat, ist sie wieder leicht und weiß. Zweitens: Erzähle jemandem, den du lieb hast, von deinem großen Kummer. Und drittens: Gib deinem Freund einen Platz in deinem Herzen, so wird er in deiner Erinnerung immer bei dir sein.«

»Und dann«, fügte Heureka hinzu, »ist da noch die Zeit, die dir helfen wird. Sie wird etwas von deinem Kummer mit sich nehmen, während sie vergeht.«

»Danke«, sagte Benno. Dann machte er sich auf den Heimweg und fühlte sich schon ein wenig besser.

Zu Hause angekommen, ließ der kleine rosa Elefant seiner Traurigkeit freien Lauf. Er weinte drei Tage lang und noch eine Stunde. Und weil Elefanten große Tränen haben, stand er in einer richtigen Tränenpfütze. Dann atmete er tief ein und aus und fühlte sich etwas leichter ums Herz.

Als Nächstes ging der kleine Elefant zu seiner Mutter und erzählte ihr ganz ausführlich von seinem großen Kummer und wie sehr er Freddi vermisste. Die Mutter sagte: »Das ist wirklich traurig, wenn man den allerbesten Freund verliert.« Und dann legte sie ihren Rüssel um den kleinen Elefanten. Benno kuschelte sich an seine Mutter, und es ging ihm noch ein Stück besser. Am Nachmittag legte sich der kleine rosa Elefant unter einen schattigen Baum und suchte nach einem Platz für Freddi in seinem Herzen. Dann atmete Benno tief durch und es ging ihm schon viel besser.

ÜBUNG 11 – BRIEF AN DEN VATER

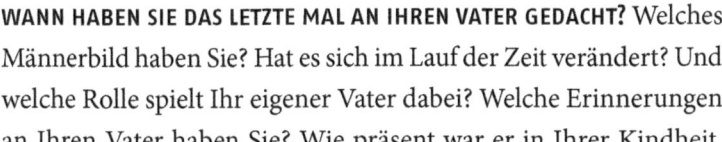

WANN HABEN SIE DAS LETZTE MAL AN IHREN VATER GEDACHT? Welches Männerbild haben Sie? Hat es sich im Lauf der Zeit verändert? Und welche Rolle spielt Ihr eigener Vater dabei? Welche Erinnerungen an Ihren Vater haben Sie? Wie präsent war er in Ihrer Kindheit, in Ihrem bisherigen Leben? Welche Beziehung haben Sie zu ihm?

Nutzen Sie die folgende Aufgabe, um sich Ihrem eigenen bewussten und unbewussten Männer- beziehungsweise Vaterbild anzunähern. Und nutzen Sie sie auch dazu, sich klar zu machen, dass auch für Ihr Kind die Beziehung zu seinem Vater das ganze Leben wichtig sein wird.

Was Sie dafür benötigen:
Papier und Stifte für Ihren Brief.

Wer macht mit:
Sie können diese Übung zusammen mit einer guten Freundin machen. Wenn Sie allein sind, lesen Sie die Fragen durch und beantworten Sie sie dann.

So viel Zeit sollten Sie sich dafür nehmen:
Zirka 30–40 Minuten.

1. Schritt: Entspannung

Machen Sie es sich bequem. Schalten Sie Störfaktoren wie das Handy aus. Sie können entspannt sitzen oder sich hinlegen. Wenn Sie mögen, schließen Sie die Augen. Konzentrieren Sie sich auf Ihre Atmung, auf jeden einzelnen Atemzug. Lassen Sie Ihre Gedanken vorbeiziehen, aber nehmen Sie sie bewusst wahr. Entspannen Sie sich immer weiter. Und denken Sie dann an den Vater Ihrer Kindheit.

2. Schritt: Annäherung an Ihren Vater

Lassen Sie sich von Ihrer Freundin die Fragen stellen, beantworten Sie diese, beziehungsweise erinnern Sie die Fragen und notieren Sie selbst in Gedanken Ihre Antworten.

Was fällt Ihnen ein, wenn Sie an Ihren Vater denken?

Welche Erinnerungen kommen Ihnen spontan in den Sinn?

Welche Rolle spielte er in Ihrer Kindheit?

Wann war er für Sie da?

Was hat er mit Ihnen unternommen?

Was war gut an Ihrem Vater?

Was war nicht gut für Sie an Ihrem Vater?

Wie war es zwischen Ihnen und Ihrem Vater, als Sie ganz klein waren?

Und später, in der Kindergartenzeit? In der Schule? In der Pubertät?

Und später, als Sie erwachsen wurden?

Lassen Sie alle Erinnerungen zu, die Ihnen in den Sinn kommen.

3. Schritt: Was möchten Sie Ihrem Vater sagen?

Nun überlegen Sie: Was wollten Sie Ihrem Vater schon längst einmal sagen? Welche Wünsche hatten Sie an ihn? Lassen Sie sich genügend Zeit zum Nachdenken.

4. Schritt: Zurückkehren aus der Entspannung

Kehren Sie nun aus der Entspannung zurück.

Lösen Sie sich von Ihren Erinnerungen, von Ihren Gedanken an den Vater. Atmen Sie tief ein und aus, spannen Sie Armmuskeln, dann Beinmuskeln, strecken und dehnen Sie sich ausgiebig und öffnen Sie die Augen wieder.

5. Schritt: Eine Botschaft an den Vater

Schreiben Sie Ihrem Vater nun einen kurzen Kinderbrief. Lassen Sie Ihre vorangegangenen Erinnerungen noch einmal an sich vorüberziehen.

Beginnen Sie so:

Vater, als Kind wollte ich dir schon immer sagen, dass ...

Schreiben Sie auf, was Sie ihm als Kind sagen wollten.

Setzen Sie danach fort:

Als ich ein Kind war, habe ich mir von dir gewünscht, dass ...

Schreiben Sie alles auf, was Sie sich von ihm gewünscht haben.

Reflexion

Anschließend können Sie sich über diese Übung und die Erinnerung an Ihren Vater mit Ihrer Freundin austauschen. Vielleicht lesen Sie sich Ihre Briefe gegenseitig vor. Wenn Sie die Übung allein gemacht haben, reflektieren Sie anschließend, was sie in Ihnen ausgelöst hat.

Vielleicht sind Sie während dieser Übung wütend über das Gewesene oder traurig über das Fehlende in Ihrer Vaterbeziehung geworden, vielleicht spüren Sie auch Dankbarkeit. Bestimmt haben Sie aber etwas davon gespürt, dass die Beziehung zum Vater lebenslange Folgen hat, und können sich vorstellen, dass das bei Ihrem Kind später wohl genauso sein wird. Was können Sie, was können Sie vielleicht sogar zusammen mit dem Vater Ihres Kindes tun, damit es später ein möglichst gutes Erinnerungsbild an seinen Vater hat. Das ist leider nicht immer möglich, zum Beispiel wenn der Vater Ihres Kindes sich sehr destruktiv verhält oder psychisch schwer krank oder einfach verschwunden ist. Oftmals sind jedoch auch Schritte auf den Vater zu möglich, die Sie gehen können, wenn Sie Ihre Kränkung und Trennungswut zum Beispiel mithilfe einer Mediation verarbeiten konnten und die Entwicklung Ihres Kindes wichtiger nehmen können als Ihren Streit.

ÜBUNG 12 – WOZU BRAUCHEN KINDER VÄTER?

WIEDER EINMAL HAT ES STREIT GEGEBEN. Ihr Kind ist verunsichert, weil es gesehen hat, wie Sie und sein Vater streiten. Sie selbst sind verärgert, wissen nicht weiter. Sie fragen sich vielleicht: Sind mein Kind und ich nicht ohne Vater beziehungsweise Ehemann besser dran? Wozu das alles, wozu der Aufwand, die Zeit, wenn alles nur immer wieder in Auseinandersetzungen endet? Ist mein Kind durch die Situation nicht noch mehr verunsichert? Ist es nicht zu sehr hin- und hergerissen zwischen uns Eltern? Andererseits: Kinder brauchen auch ihre Väter. Es gibt sie sicher nicht ohne Grund. Wenn Sie die Übung »Brief an den Vater« schon gemacht haben, erinnern Sie sich vielleicht an Ihre Gefühle und Wünsche ihm gegenüber?

Die folgende Aufgabe macht Sie vertraut mit Antworten auf die Frage: Wozu brauchen Kinder eigentlich ihre Väter? Sie werden überrascht sein, was Sie erfahren werden.

Was Sie dafür benötigen:
Einen großen Bogen Papier oder ein Flipchart und Stifte.

Wer macht mit:
Machen Sie dieses Brainstorming allein für sich oder mit einer guten Freundin oder auch mit mehreren Freundinnen/befreundeten Alleinerziehenden.

So viel Zeit sollten Sie sich dafür nehmen:
Zirka 20 Minuten.

Aufgabenstellung
Sprechen Sie mit Ihrer Freundin oder Ihrer Freundinnengruppe über das Thema Väter. Welche Bedeutung hat der Vater für die Entwicklung Ihres

Kindes? Was glauben Sie? Können Sie beim Zusammensein von Kind und Vater erkennen, welche Bedeutung er haben könnte? Was ist vielleicht anders, wenn der Vater Ihres Kindes anwesend ist? Versuchen Sie, dieser Frage auch aus der Sicht Ihres Kindes nachzuspüren.

Diskutieren Sie miteinander über Fragen wie zum Beispiel:

▶ Was ändert sich im Alltag Ihres Kindes, wenn der Vater abwesend ist?

▶ Wie verhält sich Ihr Kind, wenn sein Vater nicht bei ihm ist? Wie, wenn er da ist?

▶ Was unternimmt der Vater mit Ihrem Kind?

▶ Gibt es Unterschiede zwischen Ihnen und dem Vater beim Spiel, bei der Erziehung? Wenn ja, welche sind dies?

▶ Denken Sie, dass bei Vätern andere Dinge im Mittelpunkt stehen?

▶ Welches Vaterbild und welches Männerbild soll Ihr Kind am besten vorgelebt bekommen? Welches Bild möchten Sie gern vermeiden?

▶ Behandeln Väter ihre Töchter anders als ihre Söhne? Wenn ja, inwiefern? Vermitteln sie Söhnen oder Töchtern unterschiedliche Erfahrungen? Wenn ja, worin liegen diese? Was bedeutet dies für die Kinder?

Teilen Sie auch eigene Beobachtungen zum Thema mit. Reden Sie offen über alles, was Ihnen in der Runde einfällt. Notieren Sie wichtige Erkenntnisse und Einschätzungen auf dem Flipchart oder dem Blatt Papier.

Reflexion

Anhand Ihrer Notizen können Sie anschließend noch einmal die Diskussion Revue passieren lassen. Welche Erkenntnisse haben Sie gewonnen? Wie können Sie diese in den Alltag Ihres Kindes und seines Vaters einfließen lassen? Vielleicht können Sie die Übergabesituation mit mehr Respekt, Ruhe und Großzügigkeit gestalten, sodass Ihr Kind nicht erleben muss, wie sich die Menschen, die es über alles liebt, gegenseitig ignorieren oder entwerten. Und vielleicht lesen Sie auch noch einmal die Vaterkapitel ab Seite 82 in diesem Buch?

ANHAND DER ÜBUNGEN UND FALLBEISPIELE haben Sie nun bereits einige hilfreiche Methoden kennengelernt, wie Sie im Alltag als Alleinerziehende besser zurechtkommen können.

Zusätzlich helfen – das wissen Sie natürlich – eine gesunde Lebensführung mit regelmäßiger Bewegung (am besten in einer Gruppe) und gesunder Ernährung und vor allem gute Beziehungen zu anderen Menschen. Sie machen stark; so sind wir Menschen nun mal konstruiert. Alles, was dabei hilft, Einsamkeit zu durchbrechen, jeder Kontakt zu mitfühlenden Menschen, kann Ihnen bei der Bewältigung der Trennungssituation und im Alltag als Alleinerziehende helfen.

Unterstützung durch Familie und gute Freunde

Das fängt schon zu Beginn einer Trennung an. Hilfe können Sie bei der Herkunftsfamilie finden, bei den eigenen Eltern, wenn diese emotional kompetent sind und nicht zu Vorwürfen neigen. Das können aber auch Geschwister, andere Verwandte oder gute Freunde sein, die sich zunächst jedoch mit Ratschlägen zurückhalten sollten. Denken Sie an Hiob; was haben seine Freunde gemacht, als es ihm schlecht ging? Sie haben erst einmal tagelang geschwiegen, sich nur Hiobs Klagen angehört. Gute Freunde sollten mitfühlend schweigen können, trotzdem anwesend sein und zuhören, ohne in diffuses Handeln auszuweichen.

Professionelle Unterstützung

Sie können sich auch an professionelle Helfer wenden. Dazu zählen die Beratungslehrer in der Schule oder die Kita-Leiterin sowie Familienberatungsstellen kirchlicher oder kommunaler

Organisationen wie Caritas, SKFM, Diakonie oder AWO. Auch das Jugendamt kann als Anlaufstelle dienen. Dort bemüht man sich, familiengerechte Angebote zu machen und frühe Familienhilfen in schwierigen Lebenslagen zur Verfügung zu stellen; nicht jedes Jugendamt droht sofort mit Wegnahme der Kinder. Sie können sich dort auch Hilfe holen.

Darüber hinaus empfiehlt es sich bei anhaltenden seelischen oder psychosomatischen Beschwerden wie Ängsten, Depressionen oder chronischen Schmerzzuständen, eine Psychotherapie in Betracht zu ziehen. Vorangehen sollte der Ausschluss einer organischen Ursache durch den Hausarzt. Über die für Ihren Bereich zuständige Psychotherapeutenkammer, die Ärztekammer oder das Internet finden Sie Kontakt zu niedergelassenen ärztlichen oder psychologischen Psychotherapeuten; nach einem Erstgespräch wird man Ihnen ein Therapieangebot machen. Der Psycho-Markt ist leider etwas undurchsichtig, es gibt Wartezeiten und auch unseriöse Anbieter. Seriöse Psychotherapeuten erkennt man beispielsweise daran, dass sie eine Kassenzulassung haben und die Krankenkasse deshalb auch für die Kosten einer Behandlung aufkommt. Außerdem sollten Sie vor Beginn der Therapie ruhig auch genau nach der Ausbildung (tiefenpsychologische oder verhaltenstherapeutische Richtung?) des Therapeuten und der Art der angebotenen Therapie sowie nach möglichen Risiken fragen. Reagiert ein Therapeut hierauf »verschnupft« oder verspricht Ihnen das Blaue vom Himmel herunter oder fühlen Sie sich nicht wohl: Suchen Sie sich jemand anderen.

Fürchten Sie sich nicht vor einer Gruppentherapie; sie entspricht dem menschlichen Naturell, weil wir nun einmal soziale Herdentiere sind. Manche weitere Entwicklung zeigt sich in der Gruppe schneller als in einer Einzeltherapie. In einer Gruppentherapie haben Sie zudem die Chance, auf Gleichgesinnte zu treffen, die mit ähnlichen Schwierigkeiten und Problemen kämpfen beziehungsweise diese mitunter schon überwunden haben.

Auch für Kinder gibt es spezielle psychotherapeutische Angebote. Erste Anlaufstelle kann hier die Kita-Leiterin sein oder eine Familienberatungsstelle. Im Internet können Sie sich unter dem Kürzel »akjp« mit einer Suchmaschine informieren und zum Beispiel unter www.vakjp.de/dateien/therapeutenliste.php die gewünschte Stadt eingeben, in der Sie einen Psychotherapieplatz für Ihr Kind bekommen möchten. Weitere Ansprechpartner sind die Kontakt- und Beratungslehrerinnen und -lehrer in den Grundschulen.

Sollte ein Aufenthalt in einer Psychosomatischen Klinik erforderlich sein: Es gibt Einrichtungen, die Mutter und Kind gemeinsam aufnehmen und behandeln. Auch sie sind im Internet leicht zu finden.

Hilfe im Alltag

Auch Teilzeitarbeit mit angenehmen Kollegen kann Ihnen in dieser Situation guttun. Sie steigert zudem Ihre materielle Sicherheit. Nehmen Sie Kontakt mit dem Jobcenter auf und fragen Sie nach entsprechenden Qualifizierungsangeboten, wenn Sie sich weiterbilden möchten. Schotten Sie sich keinesfalls von allem ab.

Auch Ersatzväter, also zusätzliche männliche Bezugspersonen für Ihr Kind, können in bestimmten Entwicklungsphasen der Kinder von besonderer Wichtigkeit sein. Sie können in Sportvereinen, in Gemeinden oder vielleicht auch in Kitas und Schulen gefunden werden. Entsprechende Angebote für Alleinerziehende werden häufig von kirchlichen Hilfsorganisationen, wie Caritas oder Diakonie, angeboten. Vielleicht haben Sie auch das Glück, dass in Ihrer Kita oder in einem Familienzentrum in Ihrer Nähe das von uns entwickelte Bindungstraining *wir2* (www.wir2-bindungstraining.de) oder das Programm »Kinder im Blick« (www.kinder-im-blick.de) oder auch das Elterntraining »Starke Eltern – starke Kinder« (www.starkeeltern-starkekinder.de) oder ein anderes Familienprogramm angeboten wird.

Was gar nicht hilft

Was nicht hilft, ist relativ einfach: Das Gegenteil von dem bisher in diesem Kapitel Beschriebenen. Dazu zählen Beziehungen, die krank machen, und zu Menschen, die nicht in der Lage sind, in Ihrer Situation mit Ihnen mitzufühlen, oder denen es psychisch selbst sehr schlecht geht. Erfahrungsgemäß sind solche Menschen so sehr mit sich selbst beschäftigt, dass sie nicht in der Lage sind, anderen die nötige Sicherheit in schwierigen Situationen zu vermitteln. Sie brauchen selber erst einmal professionelle Hilfe.

Finger weg von einfach erscheinenden Tröstern

Sie wirken verlockend und versprechen einfachen, schnellen Trost – doch sie sind in Wahrheit nicht hilfreich, es sind ganz einfach Krankmacher: Suchtmittel wie Alkohol und Zigaretten, aber auf Dauer auch Schlaf- oder Schmerztabletten oder Beruhigungsmittel. Es ist eine traurige Tatsache, dass deutlich mehr alleinerziehende Mütter zu Zigaretten oder Tabletten greifen als Mütter in Paarbeziehungen. Zögern Sie bitte nicht, auch hier Hilfsangebote anzunehmen, und gestehen Sie es sich auch Ihrem Kind zuliebe ein, wenn Sie Hilfe brauchen. Es gibt in jeder größeren Stadt Beratungseinrichtungen, die beim Entzug von Tabletten oder Alkohol helfen. Sie machen es sich und Ihrem Kind leichter, wenn Sie mit dem Konsum dieser legalen Drogen aufhören. Alle Gefühlswahrnehmungen werden durch Drogen eingeschränkt. Sie nehmen Ihrem Kind und sich selbst damit genau das, was Sie am meisten brauchen. Deshalb zögern Sie nicht, rasch Hilfe zu suchen. Viele Krankenkassen bieten auch Raucherentwöhnungskurse an, die jedoch leider nicht immer ganz kostenfrei sind.

Auf billige Ratschläge verzichten

Lernen sie, unnütze Ratschläge, die ihnen nicht helfen, zu erkennen. Mit solch einem billigen Trost signalisiert jemand Ihnen häufig nur, dass ihn Ihre Probleme gar nicht interessieren.

Distanzieren Sie sich ruhig von solchen Kontakten, auch wenn diese Ratschläge von Ihren Eltern kommen. Manche Eltern machen ihre Kinder krank. Wenn Sie selbst aus einer solchen Familie stammen, setzen Sie ein Stopp-Signal. Wenn Sie als Erwachsene immer noch von Kritik, Vorwürfen und vergifteten Ratschlägen durch Ihre Eltern verfolgt werden, schützen Sie sich und beenden Sie dies. Wenn Sie sich das nicht trauen, holen Sie sich Hilfe. Erfahrungsgemäß ist ein Beziehungsstopp auf Zeit für manche Eltern Anlass, über sich und ihre Beziehung zu ihrem Kind grundlegend neu nachzudenken.

Die Last der Schuldgefühle

Schuldgefühle gehen häufig nicht von alleine zurück, sondern breiten sich aus, weil sie die eigenen seelischen Abwehrkräfte schwächen. Sie stehen – oft auch unbewusst – im Zentrum der meisten depressiven Erkrankungen. Aus tiefenpsychologischer Sicht haben Schuldgefühle einen tieferen Sinn. Eine als für das eigene Leben oder Selbstwertgefühl als unverzichtbar erlebte oder fantasierte Bezugsperson (zum Beispiel in der Kindheit die Eltern oder später der Partner) soll nach einer durch sie erfolgten Kränkung vor der eigenen Enttäuschungswut geschützt werden. Lieber greift man sich selber an als den anderen. Außerdem stellt es immer noch das kleinere Übel dar, sich selbst die Schuld an der Trennung oder Kränkung zu geben, als sich wirklich auf den beschämenden Gedanken einzulassen, von den eigenen Eltern oder dem Partner eigentlich abgelehnt und deshalb verlassen worden zu sein. Die Angriffe gegen die eigene Person in Form von Selbstbeschuldigungen, Selbstzweifeln, ja sogar Selbsttötungsgedanken geben einerseits also eine – wenn auch krankmachende – Erklärung der Situation. Andererseits zeigen sie aber auch, wie groß die versteckte Wut auf den anderen ist.

Bleiben Sie also nicht allein mit ihrem schlechten Gewissen, ziehen Sie sich nicht in Ihre Wohnung oder gar ins Bett zurück. Nutzen Sie Ihr Kind nicht als Antidepressivum oder als einzigen Tröster, der Ihnen geblieben ist. Das tut weder Ihrem Kind noch Ihnen gut. Wenn Sie merken, dass Sie mit Ihrem Kind über Dinge sprechen, über die man eigentlich nur mit Erwachsenen sprechen sollte, ist das ein weiteres, wichtiges Alarmsignal, dass etwas schiefläuft. Wenn Sie in die Rolle des Kindes und Ihr Kind in die Rolle des Erwachsenen geraten, benötigen Sie dringend Hilfe, möglicherweise auch psychotherapeutische Hilfe. Ihr Kind ist mit dieser Ratgeber- und Therapeutenrolle völlig überfordert und kann seinerseits Schuldgefühle entwickeln, wenn es merkt, dass es Ihnen nicht helfen kann. Es wird auf Dauer in ein Burn-out geraten, weil es unter dieser Überforderung leidet. Ein solches kindliches Burn-out kann man an entsprechenden Verhaltensstörungen wie Rückzug, Schulproblemen oder motorischer Unruhe erkennen. Auch dieses erfordert Beratung oder ärztliche beziehungsweise psychotherapeutische Betreuung.

ZUSAMMENGEFASST: Lernen sie zu unterscheiden, was Ihnen auf längere Sicht guttut – und was nicht –, und leben Sie danach.

ZUM SCHLUSS
KEINE ANGST VOR PSYCHOTHERAPIE

VIELE MENSCHEN SCHEUEN DEN SCHRITT zur Psychotherapie. Über Gefühle zu sprechen fällt vielen schwer, schon gar mit fremden Menschen. Viele Menschen können sich auch nicht vorstellen, was Psychotherapie ist und ob sie überhaupt hilft. Sie haben Angst vor Hilfe, weil sie mit der damit verbundenen Abhängigkeit früher schlechte Erfahrungen gemacht haben. Doch seien Sie versichert: Seelisches Leid lässt sich genauso erfolgreich behandeln wie körperliche Leiden. Ich möchte Sie gern ermutigen, über Ihre seelischen Nöte, auch und gerade durch Trennungen und Verluste, zu sprechen und sich professionelle Hilfe zu suchen. Wenn Sie das Gefühl haben, die Dinge wachsen Ihnen über den Kopf und Sie können sich nicht mehr selbst aus dem tiefen Loch der Depression oder Angst herausholen, kann eine Psychotherapie sehr gut helfen.

Die Wirksamkeit tiefenpsychologischer oder verhaltenstherapeutischer Psychotherapieverfahren ist heute sehr gut erforscht. Sie ist beispielsweise bei der Behandlung der meisten Angsterkrankungen und Depressionen im Mittel besser als die von Medikamenten, die zudem oft noch erhebliche Nebenwirkungen haben.

SO ERKENNEN SIE, OB SIE PSYCHISCH KRANK SIND

WIR ALLE KENNEN DAS AUF UND AB IM LEBEN; gute und schlechte Phasen, Fröhlichkeit und Trauer wechseln und das ist normal. Viele Menschen können damit recht gut alleine umgehen. Gespräche mit dem Partner oder einer guten Freundin helfen oft schon, wieder ins Gleichgewicht zu finden.

Doch in manchen Lebenssituationen reicht das nicht aus. Wenn es Ihnen über Wochen hinweg schlecht geht, Sie keinen Ausweg aus Ihrer Misere finden und sich immer mehr zurückziehen, empfiehlt sich ein Gespräch mit dem Hausarzt oder ein erstes Beratungsgespräch bei einer Psychotherapeutin oder einem Psychotherapeuten, um zu sehen, ob eventuell auch eine psychotherapeutische Behandlung infrage kommt.

Psychotherapeuten finden im Gespräch mit Ihnen heraus, ob Sie psychisch krank sind, etwa wenn Sie sich ständig ängstlich oder niedergeschlagen fühlen oder körperliche Schmerzen haben, die keine organischen Ursachen haben.

Eine Depression wird beispielsweise dann festgestellt, wenn Sie sich über Wochen hinweg fast ständig niedergeschlagen fühlen und kaum Interesse oder Freude an ihren üblichen Aktivitäten haben. Gerade nach Trennungen können wir uns leicht sehr traurig, niedergeschlagen, verzweifelt, wütend oder hilflos fühlen oder in einer Mischung aus all diesen Gefühlen; das ist eine normale psychische Reaktion. Jeder Mensch ist anders und braucht unterschiedlich lange für die Bewältigung solcher Krisen. Es ist wichtig, zu wissen, dass diese negativen Gefühle auch wieder nachlassen werden. Geschieht das nicht, sollte professionelle Hilfe in Anspruch genommen werden.

BEHANDLUNGSMETHODEN

Zu den wichtigsten therapeutischen Richtungen zählen:

Analytische oder tiefenpsychologisch fundierte Psychotherapie

Die analytische Psychotherapie in ihren unterschiedlichen modernen Formen (ambulant oder stationär in einer Psychosomatischen Klinik; Einzel- oder Gruppentherapie, niederfrequent mit einer Sitzung pro Woche im Sitzen) steht in der Tradition der klassischen Psychoanalyse. Sie geht davon aus, dass unsere ganz persönlichen Erfahrungen im Leben und wie wir sie – zumeist unbewusst – verarbeiten zu wiederholten Konflikten und psychischen Krankheiten führen.

Wichtig sind dabei unsere Beziehungen zu anderen Menschen, und dabei insbesondere die frühesten Lebensjahre. Wir verinnerlichen die damaligen Erlebnisse, sodass sie unbewusst das Bild von uns selbst und von anderen Menschen beeinflussen ebenso wie die Grundeinstellung zu sich selbst und anderen. Schwer zu verarbeitende Erlebnisse wie Trennungen oder Verluste oder sogar kindliche Erfahrungen von Missbrauch oder Vernachlässigung und die damit einhergehenden Gefühle von Angst, Schuld, Scham, Wut oder Aggression können sich auf das ganze Leben auswirken. Die daraus entstandenen Verhaltensmuster beeinflussen Fühlen,

Denken und Handeln. Aus den zugrunde liegenden unbewussten Konflikten können sich psychische und körperliche Leiden und schließlich auch chronische Erkrankungen (zum Beispiel aufgrund von Suchtverhalten) entwickeln. Aus umfangreichen Bevölkerungsstudien ist heute bekannt, dass eine hoch belastete Kindheit durch selbstschädigende Lebensführung des später Erwachsenen die Lebenserwartung um zehn bis sogar zwanzig Jahre verringern kann.

All dies steht in der analytischen Psychotherapie im Mittelpunkt. Sie werden sich bei dieser Therapieform dieser unbewussten Prozesse bewusst und können lernen, erwachsen und konstruktiver damit umzugehen.

Die Kosten für analytische beziehungsweise tiefenpsychologisch fundierte Psychotherapie und davon abgeleitete Verfahren werden von den gesetzlichen Krankenkassen und der Beihilfe auf Antrag und in unterschiedlichem Umfang auch von privaten Krankenkassen erstattet.

Verhaltenstherapie

Wir alle haben psychische und soziale Eigenheiten, wie wir uns verhalten, wir haben genetische und körperliche Veranlagungen, die uns individuell in unterschiedlichem Maß anfällig für psychische Krankheiten machen. All dies bildet den Hintergrund, vor dem belastende Erfahrungen oder Stress eine psychische Krankheit auslösen können. Es gibt auch Faktoren, die Menschen vor psychischen Erkrankungen schützen können, etwa gute Beziehungen und Freundschaften sowie die Fähigkeit, sich selbst und andere genau wahrzunehmen. Ausschlaggebend ist auch die Sinnhaftigkeit, die Sie in Ihrem Leben und in Ihren Aufgaben finden.

Wie Ihre Umwelt auf Ihre psychische Befindlichkeit reagiert, hat einen nicht unmaßgeblichen Einfluss auf den weiteren Verlauf Ihrer Krankheit.

In der Verhaltenstherapie finden die Psychotherapeuten mit Ihnen zunächst heraus, was Sie seelisch krankgemacht hat. Dann verabreden sie mit Ihnen konkrete Therapieziele. Aus den Ursachen für Ihre psychische Erkrankung leiten sie Behandlungsvorschläge ab. Dazu kann es etwa zählen, die Art und Weise, wie Sie über sich und andere denken, wie Sie andere wahrnehmen oder mit ihnen in Kontakt treten, wie Sie sich in bestimmten Situationen verhalten, genauer in Augenschein zu nehmen. In der Folge könnten Sie ermuntert werden, herauszufinden, welchen Einfluss das auf Ihr Befinden hat und was sich daran ändern lässt. Sie erhalten zum Beispiel Hilfe dabei, negative Gedanken und deren Einfluss auf Ihre Gefühle und Ihr Verhalten zu erkennen und im Alltagsleben positive Gedanken zu entwickeln und neue Verhaltensweisen auszuprobieren.

Die Psychotherapeuten unterstützen Sie dabei, Ihre Denkgewohnheiten und Verhaltensmuster, die sich im Lauf Ihres Lebens entwickelt haben, besser zu verstehen, zu hinterfragen und sie gegebenenfalls zu ändern, damit Sie sich besser fühlen.

Auch die Kosten für verhaltenstherapeutische Psychotherapie werden von den gesetzlichen Krankenkassen und der Beihilfe auf Antrag und in unterschiedlichem Umfang auch von privaten Krankenkassen erstattet.

Systemische Therapie

Die Systemische Therapie beschäftigt sich insbesondere mit dem sozialen Umfeld, in dem eine psychische Störung entsteht, zum Beispiel in der Familie. So kann in einem Familiensystem ein einzelnes Familienmitglied zum Symptomträger werden, obwohl die ganze Familie erkrankt ist oder in verwirrender Weise miteinander umgeht. Auch Lebenspartner, Kinder beziehungsweise Eltern oder allgemein für den Patienten wichtige Menschen können in die Therapie mit einbezogen werden. Der Therapeut ist bestrebt, herauszufinden, welche Rolle das familiäre oder soziale Umfeld des Patienten bei seiner Erkrankung spielt – und wie die Erkrankung wechselseitig wiederum die Familiendynamik beeinflusst.

Im Rahmen der Psychotherapie erarbeiten Sie Lösungsmöglichkeiten für Ihre Beschwerden und lernen Ihre Stärken besser kennen. Dazu beitragen können unter anderem Familienskulpturen. Dabei stellen Sie Ihre Familie mittels symbolhafter Figuren so auf, dass die emotionalen Beziehungen untereinander sichtbar werden. Dadurch können unbewussste Loyalitäten, geheime Aufträge, Verbote und festgefahrene Kommunikationsabläufe erkennbar werden. Dies kann Ihnen helfen, Beziehungskonflikte und krankmachende Bindungen zu erkennen und zu verarbeiten.

Systemische oder Familientherapie wird in vielen kirchlichen oder kommunalen Beratungsstellen umsonst angeboten. Krankenkassen erstatten die Kosten für eine systemische Psychotherapie durch psychologische oder ärztliche Psychotherapeuten im ambulanten Bereich noch nicht.

WICHTIG ZU WISSEN

Schweigepflicht

Psychotherapeuten unterliegen der gesetzlichen Schweigepflicht. Aus Ihren Gesprächen darf ohne Ihr Einverständnis nichts nach außen dringen, etwa zum Arbeitgeber, zur Krankenkasse oder den Familienmitgliedern.

Diagnose

Sie erhalten Psychotherapie, wenn Sie seelisch erkrankt sind und eine Behandlungsindikation besteht. Psychotherapeuten stellen eine Diagnose und erklären Ihnen diese in verständlichen Worten. Die häufigsten psychotherapeutisch gut zu behandelnden seelischen Erkrankungen sind Angsterkrankungen, Depressionen, Alkoholprobleme und psychosomatische Körperbeschwerden.

Therapiedauer

Stellen Sie sich darauf ein, einige Monate lang einmal wöchentlich zu einer 50-minütigen Sitzung zu gehen. Eine Psychotherapie kann unterschiedlich lange dauern, das hängt von der Art der Krankheit und von ihrem Schweregrad ab. Psychische Krankheiten entstehen meist über eine sehr lange Zeit hinweg, daher kann auch die Behandlung Monate oder gar Jahre dauern.

Die meisten Psychotherapien verlaufen erfolgreich, und Sie lernen mit der Zeit auch, wie Sie künftig selbst mit belastenden Situationen umgehen können, ohne sogleich wieder zu erkranken.

Aber nicht jede Psychotherapie ist erfolgreich. Sind Sie mit dem Verlauf unzufrieden, sprechen Sie offen mit Ihrem Psychotherapeuten darüber, auch über einen möglichen Wechsel zu einem anderen Therapeuten.

Patient-Therapeut-Beziehung

Mindestens genauso wichtig wie die ausgeübte Art der Psychotherapiemethode und die fachliche Kompetenz des Psychotherapeuten ist auch seine Persönlichkeit und Lebenserfahrung, auch seine Kenntnis der eigenen Persönlichkeit, da er sie nicht mit eigenen unverarbeiteten Konflikten behelligen darf. Achten Sie darauf, dass Sie sich bei Ihrem Therapeuten wohl, verstanden und sicher fühlen, dass er eine ruhige, emotional mitfühlende, freundliche, annehmende, aber nicht vereinnahmende oder gar verurteilende oder zudringliche Art des Umgangs zeigt. Wenn Sie nach einigen Probesitzungen kein Vertrauen empfinden können, passen Sie beide einfach nicht zusammen. Wechseln Sie dann den Therapeuten.

Ende der Behandlung

Anhand Ihrer zu Beginn vereinbarten Therapieziele können Sie meist selbst erkennen, wann Sie diese erreicht haben. Therapieerfolg besteht auch darin, dass Sie sich wieder besser fühlen und Ihre Beschwerden nachlassen. Gute Psychotherapeuten betreuen Sie nur so lange wie nötig – machen sich am Ende also selbst überflüssig.

EXKURS: WEITERFÜHRENDE FACHLICHE INFORMATIONEN

DIE REIFUNG DER AFFEKTVERARBEITUNG IN DEN ERSTEN SECHS LEBENSJAHREN

Die Fähigkeit, mit den angeborenen Affekten (Wut, Trauer, Angst, Ekel oder Freude) zunehmend sicherer umzugehen, entwickelt sich in der Kindheit. Das Baby und Kleinkind kann das zunächst nicht allein. Es ist völlig auf das Verständnis einer feinfühligen Bezugsperson angewiesen. Mit Hilfe dieser Bezugsperson lernt das Kind seine Affekte zu unterscheiden und sie zunehmend besser auszudrücken.

Zunächst werden die unterschiedlichen Affektsysteme automatisch durch die Bedürfnisse des Kindes oder äußere Reize aktiviert. Sie richten ihre Botschaft direkt an die Bezugsperson.

Dem Säugling und Kleinkind steht also für die Mitteilung seiner inneren Zustände und Bedürfnisse nur das rohe Affektsignal zur Verfügung.

Das Kind sendet seine Signale meist in Hochdosis, in voller Lautstärke z. B. durch Schreien, Zappeln oder Verkrampfen des ganzen Körpers. Das liegt daran, dass die übergeordneten Kontrollsysteme in seinem Gehirn noch nicht ausgereift sind. Angst – zum Beispiel vor der Trennung von der Bezugsperson – heißt bei einem Baby, das ja allein nicht überleben kann, deshalb sehr schnell Todesangst. Aus Trauer nach einem Verlust entwickelt sich ohne tröstende Zuwendung bald stumme Verzweiflung. Die Heftigkeit der kindlichen Affektsignale bewirkt, dass die Bezugsperson schnell versteht und sicher antworten kann. Das kann besonders für gestresste Eltern aber manchmal schwer erträglich sein.

Gleichzeitig aber hat jeder Affekt im Gehirn des Kindes auch ein »eigenes Gedächtnis« (zum Beispiel für Angst- oder Ekelerfahrungen), das nichts vergisst. Aus diesem unbewussten kindlichen Affektgedächtnis heraus kann es später beim Erwachsenen beispielsweise zu unvernünftig oder unverständlich wirkenden Angstanfällen kommen, wenn kindliche Ängste wieder wach werden.

Mit fortschreitender Entwicklung kommen die angeborenen Affektsysteme unter die Kontrolle von weiteren Steuerzentren des Gehirns, die besonders im Bereich des Stirnhirns liegen. Diese Kontrolle ermöglicht dem Kind schließlich die Beherrschung seiner heftigen Affektzustände. Das erleichtert ihm die soziale Anpassung und den Schutz wichtiger Beziehungen. Diese Kompetenzen im Umgang mit den eigenen Affekten sind nun nicht mehr angeboren, sondern sie entwickeln sich nur durch den engen feinfühligen Austausch zwischen dem Kind und seinen Eltern in den ersten Lebensjahren. Und hier kommt es wirklich auf die Qualität der Beziehung an.

Zu diesen erworbenen höheren emotionalen Kompetenzen zählen die Fähigkeiten

▶ alle Affekte bei sich selber wahrnehmen und unterscheiden zu können;
▶ die eigenen Affekte bewusst als Gefühle zu fühlen;
▶ diese in Worten auszudrücken zu können (Affektsymbolisierung);
▶ über die Ursachen erlebter Gefühle nachdenken zu können;
▶ sie hinsichtlich eigener Bedürfnisse verstehen zu können;
▶ sie zur konstruktiven Gestaltung von Beziehungen nutzen zu können;
▶ Affekte mitfühlend auch bei anderen Personen erkennen zu können.

Die sprachbewusste Wahrnehmung eines eigenen Affektivzustands ist die wissenschaftliche Definition eines »Gefühls«. Und erst wenn ein Affekt als Gefühl bewusst geworden ist, kann man auch über ihn und seine Ursachen nachdenken. Und erst dieses »beherrschte« Nachdenken über die Ursachen eigener affektiver Zustände ermöglicht es uns, zwischen unterschiedlichen Handlungsmöglichkeiten abzuwägen, sich zum Beispiel bewusst gegen eine aggressive Eskalation und für eine Interessenaushandlung im Gespräch zu entscheiden. Gerade das Sprechen über Gefühle erlaubt eine Hemmung möglicherweise gefährlicher Affekte und eine wirksame Interessenaushandlung bei Konflikten.

Schließlich stellt die mitfühlende und rücksichtsvolle Wahrnehmung der Affektsignale anderer Menschen die höchste Kompetenz im Umgang mit Affekten dar. Eine solche Betrachtung wäre: »Weil ich nicht nur meine, sondern auch deine Affekte und Gefühle und die dahinterstehenden Wünsche bei mir spüren kann, werde ich versuchen, sie bei dem, was ich tun werde, zu berücksichtigen. So können wir unsere Beziehung schützen.«

Die Erfahrung, in belastenden Stresszuständen, aber auch in lust-vollen Zuständen von der Bezugsperson mitfühlend verstanden und stets zuverlässig versorgt zu werden, stabilisiert die Beziehung des Babys zur Bezugsperson. Es ist eigentlich ganz einfach: Da, wo alle Affekte erkannt, verstanden und bedürfnisgerecht beant-wortet werden, da entsteht automatisch Sicherheit, Selbstwert und Beziehung. Das nennt man auch den Vorgang der »teilnehmenden Spiegelung des Kindes durch die Bezugsperson«.

Aus der regelmäßigen Erfahrung des Kindes, mittels eigener Wünsche – und Affektsignale – die Mutter oder den Vater in die richtige Richtung steuern zu können, resultiert auch der ganz nor-male Größenwahn des Babys und Kleinkindes nach der Devise: »Die anderen und die Welt sind nur für mich da.« Dieser größen-wahnsinnige Fehlschluss von der eigenen Bedürftigkeit auf die Bereitschaft der anderen, die eigenen Wünsche selbstverständlich auch zu erfüllen, wird unter günstigen Entwicklungsbedingungen, etwa mit Erreichen der Schulreife, durch ein realistischeres Welt-bild ersetzt, in dem auch die anderen ihre Rechte haben.

Über diese »teilnehmende Spiegelung seiner eigenen Affekt-zustände« durch die Eltern lernt das Baby zunächst, zwischen seinen unterschiedlichen Affekten Angst, Ekel, Trauer, Freude und Wut zu unterscheiden.

ZUWENDUNG HEISST GESICHTZEIGEN

Dabei spielt das Gesicht der Mutter eine wichtige Rolle. Der Begriff Zuwendung meint hier ganz konkret die positive Reaktion des spiegelungsbereiten Gesichts und den Augenkontakt mit der empathisch auf die Affektsignale des Kindes eingeschwungenen Mutter. Die Mimik des mütterlichen Gesichts steht zum Beispiel beim Stillen in wechselseitiger Resonanz mit dem Inneren des Babys. Es ist gewissermaßen der »Seelenspiegel« des Babys. Aus dem mütterlichen Gesicht, über dessen Mimik erfährt das Kind mit einer zeitlichen Verzögerung von etwa 300 Millisekunden, wie es sich selber »fühlt«, was in ihm vor sich geht. Die Mutter macht ihm so etwas vor, was es selber noch nicht kann. Lustvolle Affektzustände des Kindes werden so verstärkt, unlustvolle begrenzt. Deshalb schauen Kinder so intensiv in die Gesichter Ihrer Eltern, deshalb trinkt der Säugling nicht nur mit dem Mund aus der Brust. sondern auch mit den Augen aus dem Gesicht der Mutter.

Das mütterliche Gesicht ist für die Reifung der emotionalen Fähigkeiten des Kindes also von großer Bedeutung. Bildschirme oder Smartphones können diese Funktion nicht ersetzen, da sie nichts vom Innenleben des Kindes wissen und deshalb nicht darauf reagieren können; sie zwingen ihm im Gegenteil ihre emotionalen Reize auf, die wie seelische Fremdkörper auf das Kind einwirken. Wenn diese Spiegelfunktion des elterlichen Gesichts aber selbst beispielsweise durch Depressionen oder andere seelische Erkrankungen ernsthaft beeinträchtigt ist, kann das negative Folgen für die betroffenen Kinder nach sich ziehen.

Aus dem Gesicht der elterlichen Bezugsperson liest das Kind also »kindgerecht aufbereitet« seine eigenen Affektzustände ab und lernt zunehmend besser, zwischen seinen eigenen unterschiedlichen Affekten zu unterscheiden.

Diese Vorgänge laufen zwischen Eltern und Kind mit hoher Geschwindigkeit und weitgehend unbewusst ab. Dabei lassen sich einzelne Schritte unterscheiden: Auf erste Affektsignale ihres Babys, wie zum Beispiel angstvolles Wimmern, reagiert jede gesunde Mutter mit einer sofortigen Einschwingreaktion. Sie identifiziert sich in Sekundenbruchteilen mit dem affektiven

Zustand ihres Kindes und erspürt automatisch seinen Affekt. Die Affektzentren im mütterlichen Gehirn vollziehen die Aktivierung der entsprechenden Affekte im Gehirn ihres Kindes fast in Echtzeit mit. Die Mutter spürt so denselben Affekt wie ihr Kind, nur geschieht das wesentlich kontrollierter als im unreifen Gehirn des Kindes.

Das zugewandte Gesicht der Mutter stellt den Affekt des Kindes für das Kind dar und spiegelt ihm so dessen eigenen Affektzustand. Dies geschieht aber nun nicht unverändert im Sinne einer mechanischen Spiegelung eins zu eins. Vielmehr erscheint der kindliche Affekt im Gesicht der Mutter in verarbeiteter oder abgemilderter Form. Beispielsweise erscheint kindliche Angst nur in abgeschwächter (»verdauter«) Form im Gesicht der Mutter.

Die Mutter (selbstverständlich auch der Vater) kann dem Kind dadurch vermitteln: »Was ich dir in meinem Gesicht zeige, ist nicht meine, sondern deine Angst. Ich zeige dir damit, dass ich weiß, was du fühlst. Aber ich kann mit deiner Angst umgehen, und deshalb weiß ich auch, was du brauchst und was zu tun ist. Das kannst du selber noch nicht. Dir zuliebe werde ich das aber immer genau dann tun, wenn du es brauchst.«

Durch diese teilnehmende Spiegelung leistet die Mutter für das Kind eine Verarbeitung seiner Angst und reagiert mit ihrem mütterlichen Antwortverhalten schützend und tröstend auf die Bedürfnisse des Kindes. So hilft die Bezugsperson durch ihre unterschiedlichen Spiegelungsantworten dem Kind immer besser, zwischen seinen eigenen Affekten zu unterscheiden.

Eine durch die Angst des Kindes ausgelöste, unverarbeitete und so auch im Gesicht der Mutter erscheinende eigene Angst derselben würde das Kind hingegen nicht beruhigen, sondern es noch weiter ängstigen. Eine Bezugsperson, die auf die verschiedenen

Affektsignale ihres Kindes nicht unterschiedlich, sondern gar nicht oder nur gleichförmig – beispielsweise mit Essen – reagiert, vermittelt ihrem Kind: »Es ist egal, wie du dich fühlst. Es gibt immer nur dieselbe Antwort, weil ich dich nicht verstehe.« Ein Kind lernt unter solchen Umständen, dass seine Gefühle die Bezugsperson stören. Es kann so nicht lernen, seine unterschiedlichen Affekte zu unterscheiden. Vielmehr lernt es, dass Affekte und Gefühle dazu da sind, sie nicht zu zeigen.

Etwa im dritten Lebensjahr macht das Kleinkind mit Hilfe seiner Bezugspersonen einen weiteren sehr wichtigen Reifungsschritt. Es entwickelt die Fähigkeit, seine unterschiedlichen Affekte auch (mutter)sprachlich auszudrücken. Aus dem anfangs automatisierten körperlichen Affektsignal, aus dem Schreien und Zappeln, wird so langsam ein Gefühl, das bewusster wahrgenommen und sprachlich ausgedrückt werden kann.

Eigene Affektzustände als Gefühle fühlen und benennen zu können, macht das Leben deutlich leichter und weniger verwirrend. Für das Kind ist es ein enormer Fortschritt und ein großer Gewinn, wenn es die Entwicklungsstufe der sogenannten sprachlichen Affektsymbolisierung erreicht hat.

Ein dreijähriger Junge, der seiner Mutter morgens am Frühstückstisch vor dem Weggehen in den Kindergarten sagen kann: »Mama, wenn du gleich gehst, bin ich traurig!«, hat eine sehr viel größere Wahrscheinlichkeit, von der Mutter getröstet zu werden, als ein gleichaltriger Junge, der in der gleichen Situation nur seine körperlichen Affektsignale spürt und deshalb nur in der Lage ist zu sagen: »Mama, ich habe Bauchweh.«

Im ersten Beispiel kann die Mutter sehr schnell und eindeutig die Trauer ihres Kindes teilen (»Ja, das ist wirklich traurig.«) und so die Trauer des Kindes bestätigen. Tröstende, liebevolle

Zuwendung ist dann leichter möglich. Im zweiten Beispiel wird das geäußerte Bauchweh möglicherweise dazu führen, dass der Junge von der besorgten Mutter, wenn sie den dahinterliegenden Affekt des Kindes nicht wahrnehmen kann, zu einem Arzt gebracht wird. Ein kompetenter Arzt würde – nach einer gründlichen klinischen Untersuchung mit unauffälligem körperlichen Befund – im günstigen Fall bemerken, welches Beziehungsproblem hinter dem Symptom des Kindes stehen könnte und die Mutter zunächst einmal verständnisvoll-stützend und das Kind tröstend ansprechen (und den Bauchschmerz vielleicht mit einem Pflaster »behandeln«, ohne dem Kind weitere diagnostische Maßnahmen zuzumuten).

OHNE AFFEKTE KEINE BINDUNG

Die feinfühlige emotionale Rückmeldung und Spiegelung des Kindes durch die Mutter ist also entscheidend für die Entwicklung eines sicheren Bindungsmusters. Das sichere Bindungsmuster (vergl. auch Kapitel »Kindliche Bindung und emotionale Sicherheit«, S. 71) ermöglicht dem Kind, der Bezugsperson zu vertrauen, im Bedarfsfall Hilfe von ihr einzufordern und auch sich selber bei der Welterkundung etwas zuzutrauen. Ein sicheres Bindungsmuster stellt ein wichtiges Fundament für eine lebenslange seelische Stabilität und ein gesundes Selbstwertgefühl dar. Lebenslang beeinflussen die über die teilnehmende Spiegelung erworbenen und verinnerlichten Bindungserfahrungen das Selbstwertgefühl und unsere engen Beziehungen zu späteren Partnern. So wie mit uns in der Kindheit umgegangen wurde, so gehen wir als Erwachsene später auch selbst mit uns um.

Auf der Basis eines sicheren Bindungsmusters und mittels der erreichten Fähigkeit, alle Affekte bewusst als Gefühle wahrnehmen und sie sprachlich ausdrücken zu können, erfolgt schließlich ein weiterer wesentlicher Entwicklungsschritt: Die Entwicklung der Mentalisierungsfähigkeit.

Etwa im Schulalter erreicht das Kind langsam die Fähigkeit, Affektsignale nicht nur bei sich, sondern auch bei anderen immer genauer und zuverlässiger wahrzunehmen und zutreffend von diesen Signalen auf die Gefühle und Bedürfnisse des Gegenübers zu schließen. Die Fähigkeit, sich ein realistisches, nicht mehr von eigenen Fantasien und Bedürfnissen verzerrtes »mentales« Bild vom Denken und Fühlen des anderen zu machen, hat der Psychoanalytiker Fonagy als Mentalisierungsfähigkeit bezeichnet.

SICHERE BINDUNG UND MENTALISIERUNG ALS VORAUSSETZUNG KOMPETENTER PARTNERSCHAFT

Die Mentalisierungsfähigkeit eröffnet dem Kind schließlich auch die Möglichkeit zur gedanklichen Affektkontrolle und zum Mitgefühl. Wenn der andere besser wahrgenommen wird, kann sich das Kind besser auf ihn einstellen und dessen Bedürfnisse in seinem eigenen Verhalten besser berücksichtigen. Das schützt die Beziehung und festigt sie. Beispielsweise wird ein mentalisierungsfähiges Kind einem traurigen Spielpartner eher nicht seine eigene Wut unkontrolliert zeigen, wenn ein gemeinsames Spielzeug zerstört wurde, sondern es wird ihn vielleicht sogar trösten.

Nach heutiger Kenntnis entwickelt und verbessert sich dieser reflektierende Umgang mit eigenen und den Affekten anderer mit fortschreitender Reifung der für die Affektkontrolle zuständigen Funktionssysteme der präfrontalen Gehirnrinde bis hinein ins junge Erwachsenenalter.

Mittels der nun erreichten Mentalisierungsfähigkeit werden andere Menschen anhand ihrer Affektsignale aber auch intuitiv als potenzielle Beziehungspartner »erkannt«, wenn sie zu einer wechselseitigen Bedürfnisbefriedigung fähig und bereit sind nach dem Motto: »Dein Glück ist Teil meines Glücks.« Auf dieser Basis können dann auf Dauer angelegte gute und hilfreiche Abhängigkeitsbeziehungen im Arbeits- oder Privatleben eingegangen und entwickelt werden. Nicht mentalisierungsfähige und unsicher gebundene Erwachsene können die Gefühle und Absichten anderer hingegen nicht so genau erkennen und wählen ihre Partner deshalb häufig verblindet durch bedürftiges Wunschdenken und dann nicht selten eben auch falsch aus. Liebe macht dann besonders blind (vergl. auch Kapitel »Vaterbilder und die eigene Beziehung zu Männern« S. 99).

ANHANG

ARBEITSBLATT ZUR ÜBUNG
»MEIN GEFÜHLSTHERMOMETER«

Bestimmen Sie in der kommenden Woche bis zur nächsten Sitzung am Ende eines jeden Tages den Ausprägungsgrad Ihrer Gefühle Angst, Wut, Ekel, Freude und Trauer. Wenn es ein weiteres wichtiges Gefühl gab, das Sie an dem jeweiligen Tag beschäftigt hat, dann können Sie dieses in das freie Feld eintragen und ebenfalls seinen Ausprägungsgrad bestimmen. Kreuzen Sie dazu die Zahl an, die Ihrem Empfinden nach am besten passt. Die »1« steht für eine sehr schwache Ausprägung dieses Gefühls, die »10« für eine sehr starke Ausprägung. Wichtig ist zudem der Zusammenhang zwischen Ihren Gefühlen und den Situationen, in denen diese aufgetreten sind: Was war da los? Oder auch: Was ging Ihnen durch den Kopf (zum Beispiel als Sie gerade so wütend auf jemanden waren oder als Sie sich so gefreut haben über den schönen Spaziergang mit Ihrem Kind)? Bestimmen Sie schließlich für jeden Tag Ihr Hauptgefühl: Das ist das Gefühl, das Sie an dem Tag am meisten und am stärksten verspürt haben. Dieses Gefühl kreisen Sie bitte ein.

Wochen-tag	Gefühl	sehr schwach									sehr stark	Was war da los? Was ging Ihnen durch den Kopf?
	Angst	①	②	③	④	⑤	⑥	⑦	⑧	⑨	⑩	
	Wut	①	②	③	④	⑤	⑥	⑦	⑧	⑨	⑩	
	Ekel	①	②	③	④	⑤	⑥	⑦	⑧	⑨	⑩	
	Freude	①	②	③	④	⑤	⑥	⑦	⑧	⑨	⑩	
	Trauer	①	②	③	④	⑤	⑥	⑦	⑧	⑨	⑩	
		①	②	③	④	⑤	⑥	⑦	⑧	⑨	⑩	

Wochen-tag	Gefühl	sehr schwach									sehr stark	Was war da los? Was ging Ihnen durch den Kopf?
	Angst	①	②	③	④	⑤	⑥	⑦	⑧	⑨	⑩	
	Wut	①	②	③	④	⑤	⑥	⑦	⑧	⑨	⑩	
	Ekel	①	②	③	④	⑤	⑥	⑦	⑧	⑨	⑩	
	Freude	①	②	③	④	⑤	⑥	⑦	⑧	⑨	⑩	
	Trauer	①	②	③	④	⑤	⑥	⑦	⑧	⑨	⑩	
		①	②	③	④	⑤	⑥	⑦	⑧	⑨	⑩	
	Angst	①	②	③	④	⑤	⑥	⑦	⑧	⑨	⑩	
	Wut	①	②	③	④	⑤	⑥	⑦	⑧	⑨	⑩	
	Ekel	①	②	③	④	⑤	⑥	⑦	⑧	⑨	⑩	
	Freude	①	②	③	④	⑤	⑥	⑦	⑧	⑨	⑩	
	Trauer	①	②	③	④	⑤	⑥	⑦	⑧	⑨	⑩	
		①	②	③	④	⑤	⑥	⑦	⑧	⑨	⑩	
	Angst	①	②	③	④	⑤	⑥	⑦	⑧	⑨	⑩	
	Wut	①	②	③	④	⑤	⑥	⑦	⑧	⑨	⑩	
	Ekel	①	②	③	④	⑤	⑥	⑦	⑧	⑨	⑩	
	Freude	①	②	③	④	⑤	⑥	⑦	⑧	⑨	⑩	
	Trauer	①	②	③	④	⑤	⑥	⑦	⑧	⑨	⑩	
		①	②	③	④	⑤	⑥	⑦	⑧	⑨	⑩	

Wochen-tag	Gefühl	sehr schwach									sehr stark	Was war da los? Was ging Ihnen durch den Kopf?
	Angst	①	②	③	④	⑤	⑥	⑦	⑧	⑨	⑩	
	Wut	①	②	③	④	⑤	⑥	⑦	⑧	⑨	⑩	
	Ekel	①	②	③	④	⑤	⑥	⑦	⑧	⑨	⑩	
	Freude	①	②	③	④	⑤	⑥	⑦	⑧	⑨	⑩	
	Trauer	①	②	③	④	⑤	⑥	⑦	⑧	⑨	⑩	
		①	②	③	④	⑤	⑥	⑦	⑧	⑨	⑩	
	Angst	①	②	③	④	⑤	⑥	⑦	⑧	⑨	⑩	
	Wut	①	②	③	④	⑤	⑥	⑦	⑧	⑨	⑩	
	Ekel	①	②	③	④	⑤	⑥	⑦	⑧	⑨	⑩	
	Freude	①	②	③	④	⑤	⑥	⑦	⑧	⑨	⑩	
	Trauer	①	②	③	④	⑤	⑥	⑦	⑧	⑨	⑩	
		①	②	③	④	⑤	⑥	⑦	⑧	⑨	⑩	
	Angst	①	②	③	④	⑤	⑥	⑦	⑧	⑨	⑩	
	Wut	①	②	③	④	⑤	⑥	⑦	⑧	⑨	⑩	
	Ekel	①	②	③	④	⑤	⑥	⑦	⑧	⑨	⑩	
	Freude	①	②	③	④	⑤	⑥	⑦	⑧	⑨	⑩	
	Trauer	①	②	③	④	⑤	⑥	⑦	⑧	⑨	⑩	
		①	②	③	④	⑤	⑥	⑦	⑧	⑨	⑩	

INFORMATIONEN ZUR RECHTLICHEN SITUATION ALLEINERZIEHENDER (IN DEUTSCHLAND)

Die folgenden Ausführungen verdanke ich meinem früheren Mitarbeiter Claudio Ahlefelder. Sie sollen Ihnen einen Überblick über die rechtlichen Verhältnisse zwischen Ihnen, dem Vater Ihres Kindes sowie staatlichen Stellen geben. Es handelt sich dabei um eine Auswahl, die nicht die vollständige Rechtslage wiedergeben kann. Bitte beachten Sie auch, dass der Text die rechtliche Situation zum Zeitpunkt Dezember 2013 behandelt und dass sich das Recht andauernd weiterentwickelt.

Sie finden im Folgenden Informationen zum Unterhaltsrecht, zur Beratungs- und Prozesskostenhilfe, zum Elterngeld, zu Sozialhilfe und Wohngeld, zum Vaterschaftsrecht, zur elterlichen Sorge (Sorgerecht), zum Umgangsrecht, zum Namensrecht sowie zum Beistand für Eltern mit alleinigem Sorgerecht. Diese allgemein gehaltenen Informationen können aber eine im Einzelfall erforderliche kompetente Rechtsberatung nicht ersetzen, sie geben jedoch eine brauchbare Orientierung zu wichtigen rechtlichen Themen für alleinerziehende Mütter und ihre Kinder.

UNTERHALTSRECHT

BETREUUNGSUNTERHALT

Getrennt lebende sowie geschiedene alleinerziehende Mütter haben grundsätzlich einen Unterhaltsanspruch gegen den Vater des Kindes oder den Ehegatten, wenn sie als Alleinerziehende bedürftig sind, der Vater des Kindes oder der geschiedene Ehemann leistungsfähig ist und das Kind das dritte Lebensjahr noch nicht vollendet hat. Der Umfang richtet sich nach der Lebensstellung der Bedürftigen oder den ehelichen Lebensverhältnissen und umfasst den gesamten Lebensbedarf. Bedürftig ist die Alleinerziehende dann, solange sie sich aus ihren Einkünften oder ihrem Vermögen nicht selbst unterhalten kann, wobei hinsichtlich der Erwerbstätigkeit keine Pflicht besteht.

Für die Zeit nach Vollendung des dritten Lebensjahres besteht jedoch grundsätzlich die Pflicht zur Erwerbstätigkeit der Mutter. Es gilt aber, dass der Unterhaltsanspruch insbesondere aufgrund der Belange des Kindes verlängert werden kann. Ob und in welchem Umfang eine Erwerbstätigkeit erwartet werden kann, hängt dann allein von den Umständen des

Einzelfalls ab. Ein abrupter Übergang von der Kinderbetreuung zur Vollzeittätigkeit ist dabei vom Gesetzgeber in jedem Fall nicht beabsichtigt.

KINDESUNTERHALT

Der Anspruch auf Kindesunterhalt besteht bis zur Volljährigkeit. Er kann unter Umständen bis zur Vollendung einer abgeschlossenen Berufsausbildung verlängert werden. Das Maß des Unterhalts richtet sich nach der Lebensstellung des Bedürftigen. Bei unselbstständigen und unterhaltsbedürftigen Kindern wird dies in der Regel durch die Eltern und deren persönliche und wirtschaftliche Verhältnisse bestimmt. § 1612a Abs. 1 BGB legt für minderjährige Kinder einen nach ihrem Alter gestaffelten Mindestbetrag fest. Barunterhaltspflichtig ist immer derjenige, bei dem das Kind nicht wohnt. Die das Kind betreuende Person leistet ihre Unterhaltspflicht durch Pflege und Erziehung.

UNTERHALTSVORSCHUSS

Zahlt der unterhaltspflichtige Elternteil nicht, nur unregelmäßig oder unterhalb des Unterhaltsvorschusssatzes, können Alleinerziehende einen »Unterhaltsvorschuss« beantragen. Die Zahlungshöchstdauer beträgt 72 Monate, Unterbrechungen im Zahlungszeitraum sind möglich, zum Beispiel weil der andere Elternteil vorübergehend genügend Unterhalt zahlt. Gezahlt wird aber nur bis zur Vollendung des 12. Lebensjahres. Folgende Beträge werden von den Unterhaltsvorschusskassen (das sind spezielle Stellen der kommunalen Jugendämter) effektiv gewährt: für Kinder bis fünf Jahre 133 Euro, für Kinder von sechs bis elf Jahren 180 Euro, jeweils monatlich. *Wichtig:* Der andere Elternteil soll durch die Zahlungen nicht entlastet werden. Daher gehen die Unterhaltsansprüche des Kindes auf das Land in Form des Jugendamtes über. Das setzt die Ansprüche gegebenenfalls auch vor Gericht durch. Um den Vorschuss zu erhalten, muss er schriftlich beim Jugendamt beantragt werden. Das Antragsformular erhalten Sie bei der Stadt-, Gemeinde- oder Kreisverwaltung. Das Jugendamt hilft Ihnen auf Wunsch beim Ausfüllen des Antrags.

Quellen: »BGB-Familienrecht«, Wilfried Schlüter, C.F. Müller Verlag, 13. Auflage, 2009; »Erwerbsobliegenheit im Betreuungsunterhalt«, Marina Schäuble, H. Gietl Verlag, 2013; »Der Unterhaltsvorschuss. Eine Hilfe für Alleinerziehende«, Broschüre, Hg. vom Bundesministerium für Familie, Senioren, Frauen und Jugend; »Unterhaltsvorschuss«, de.wikipedia.org, Stand: Dezember 2013

Einkommensschwache Personen haben die Möglichkeit, die »Beratungshilfe« und »Prozesskostenhilfe« in Anspruch zu nehmen, um ihre rechtlichen Ansprüche zu klären und gegebenenfalls gerichtlich geltend zu machen.

Die Beratungshilfe umfasst nicht nur eine anwaltliche Beratung, sondern die gesamte außergerichtliche Vertretung. Außer einer Gebühr von 15 Euro entstehen keine Kosten für den Hilfesuchenden. Da manchmal eine bloße Beratung nicht ausreicht, hilft der Anwalt auch bei der Auseinandersetzung mit anderen Behörden und schreibt beispielsweise auch Briefe. Wichtig ist für Alleinerziehende: Die Beratungshilfe wird auch für Unterhaltsstreitigkeiten angeboten.

Gibt es keine Möglichkeiten, sich außergerichtlich zu einigen, so kann man die »Prozesskostenhilfe« beantragen. Diese Hilfestellung erhält jede Person, welche die Kosten eines Prozesses nicht, nur zum Teil oder nur in Ratenzahlung aufbringen kann. Dabei übernimmt der Staat die Gerichts- und Anwaltskosten entweder zu Teilen oder sogar ganz. Bedingungen sind eine ausreichende Aussicht auf Klageerfolg und dass der Rechtsstreit nicht mutwillig erscheint. Wird der Prozess verloren, übernimmt der Staat jedoch nicht eventuell anfallende Kosten wie die Kosten des gegnerischen Anwalts oder Schadenersatzansprüche.

Bei Beratungshilfe und Prozesskostenhilfe ist die Höhe des Einkommens entscheidend. Die Beratungshilfe wird beim Amtsgericht beantragt, in dem Formular muss man Angaben zu seiner Person, zu seinen Einkommensverhältnissen, zum Vermögen und zu Wohnkosten machen. Zum Nachweis sollten Lohnsteuerbescheinigungen oder Steuerbescheide vorgelegt werden. Vordrucke für den Antrag liegen bei den Amtsgerichten und Rechtsanwälten aus. Um die Prozesskostenhilfe zu beantragen, wendet man sich an einen Anwalt oder direkt an das Prozessgericht. Dabei ist es wichtig, den Streit genau und mit Beweisen darzustellen. Dazu muss man, wie bei dem Antrag auf Beratungshilfe, seine finanzielle Lage belegen.

Info: Unter folgendem Link erhalten Sie eine kostenlose Broschüre des Justizministeriums Nordrhein-Westfalen zum Download, die über das Prozedere zur Beratungs- und Prozesskostenhilfe Auskunft gibt (welches bundesweit geregelt ist):

https://broschueren.nordrheinwestfalendirekt.de/broschuerenservice/justizministerium/beratungs-und-prozesskostenhilfe/2

Quelle: »Guter Rat ist nicht teuer. Das Beratungshilfegesetz und das Gesetz über die Prozesskostenhilfe«, Broschüre, Hg. vom Bundesministerium der Justiz; »Prozesskostenhilfe«, de.wikipedia.org, Stand: Dezember 2013

ELTERNGELD

Das Elterngeld ist eine Transferzahlung für Eltern, die wegen der Betreuung eines Kindes nicht oder nicht voll erwerbstätig sind oder ihre Erwerbstätigkeit für die Betreuung ihres Kindes unterbrechen. Es soll die Eltern bei der Sicherung ihrer Lebensgrundlage unterstützen. Das Elterngeld wird über die Zeit des Mutterschutzes hinaus gezahlt, längstens für 14 Monate. Das Gesetz zum Elterngeld und zur Elternzeit (BEEG), das für ab dem 1. Januar 2007 geborene Kinder gilt, setzte das Elterngeld an die Stelle des früheren Erziehungsgeldes.

Das Elterngeld stellt keine dauerhafte Unterstützung dar. Die Zahlung des Elterngeldes ist grundsätzlich auf zwölf Monate unmittelbar nach der Geburt des Kindes begrenzt. Über zwei Partnermonate lässt sich der Anspruch auf insgesamt 14 Monate ausweiten, wenn für mindestens zwei Lebensmonate des Kindes auf einen Teil des Erwerbseinkommens verzichtet wird. Für Alleinerziehende, die das alleinige Sorgerecht oder zumindest das alleinige Aufenthaltsbestimmungsrecht innehaben, besteht Anspruch auf 14 Monate Elterngeld (§ 4 Abs. 3 BEEG). Die Höhe des Elterngeldes richtet sich nach dem Nettoeinkommen des Elternteils, welcher den Antrag auf Elterngeld stellt und dient als vorübergehender Entgeltersatz. Nichterwerbstätige erhalten das Elterngeld in Höhe des Mindestbetrages als Sozialleistung, welcher 300 Euro beträgt.

Quelle: »Elterngeld«, de.wikipedia.org, Stand: Dezember 2013

SOZIALHILFE

Die Sozialhilfe schützt als letztes »Auffangnetz« vor Armut, sozialer Ausgrenzung und besonderer Belastung; sie erbringt Leistungen für diejenigen Personen und Haushalte, die ihren Bedarf nicht aus eigener Kraft decken können und auch keine ausreichenden Ansprüche aus vorgelagerten Versicherungs- und Versorgungssystemen haben. Dazu zählt auch die Grundsicherung für Arbeitsuchende nach dem SGB II.

Einen Antrag auf Sozialhilfe können Sie beim Sozialamt Ihrer Stadt oder Ihres Kreises stellen. In größeren Städten gibt es meist Bezirksämter, wo ein solcher Antrag ebenfalls eingereicht werden kann. Die Sozialämter sind auch zur Beratung verpflichtet.

Die Sozialhilfe umfasst vor allem den Bereich der Hilfe zum Lebensunterhalt:

Die Hilfe zum Lebensunterhalt beziehen überwiegend in Privathaushalten lebende Personen, wobei zusammenwohnende Partner sowie im Haushalt lebende minderjährige Kinder als sogenannte Bedarfsgemeinschaft oder Einstandsgemeinschaft betrachtet werden. Der notwendige Lebensunterhalt umfasst »insbesondere Ernährung, Unterkunft, Kleidung, Körperpflege, Hausrat, Heizung und persönliche Bedürfnisse des täglichen Lebens«. Zu Letzteren gehören »in vertretbarem Umfang auch Beziehungen zur Umwelt und eine Teilnahme am kulturellen Leben«.

Die Hilfe zum Lebensunterhalt wird vorrangig als Geldleistung erbracht. Zunächst wird der Bedarf bestimmt, dann werden Einkommen und Vermögen angerechnet (siehe unten). Der Bedarf an Hilfe zum Lebensunterhalt setzt sich aus mehreren Komponenten zusammen:

1. Die Regelsätze betragen in den alten Bundesländern 345 Euro und in den neuen Bundesländern 331 Euro; die Länder können abweichende Regelsätze bestimmen. Der Satz für den Haushaltsvorstand beträgt 100 Prozent des Regelsatzes (auch Eckregelsatz genannt), für Kinder unter 14 Jahren 60 Prozent und für die übrigen Haushaltsangehörigen 80 Prozent des Regelsatzes. Die bisherigen einmaligen Leistungen der Hilfe zum Lebensunterhalt sind bis auf wenige Ausnahmen in pauschalierter Form in den Regelsatz einbezogen.

2. Unterkunft in Höhe der tatsächlichen Mietkosten; werden diese als »unangemessen hoch« betrachtet, sind sie so lange zu erbringen, wie ein Wechsel in eine günstigere Wohnung nicht möglich oder zumutbar ist (maximal 6 Monate).

3. Heizkosten in Höhe der tatsächlichen Aufwendungen, soweit sie angemessen sind. Unter bestimmten Voraussetzungen können die Sozialhilfeträger die Unterkunfts- und Heizkosten nunmehr auch in pauschalierter Form erbringen.

4. Bestimmten Personengruppen wird ein Mehrbedarf zugestanden. Hierzu zählen auch die Leistungen für Alleinerziehende. Der Mehrbedarf wird als prozentualer Zuschlag zum Regelsatz geleistet. Dieser beträgt 36 Prozent für ein Kind unter sieben Jahren oder für zwei oder drei Kinder unter 16 Jahren. Wenn diese Voraussetzungen nicht greifen, werden 12 Prozent für jedes Kind, höchstens jedoch 60 Prozent zusätzlich gezahlt.

Bsp. 1: Sie haben ein dreijähriges und ein zehnjähriges Kind. Sie erhalten 36 Prozent prozentualen Zuschlag zum Regelsatz. Bsp. 2: Sie haben ein achtjähriges Kind. Sie erhalten 12 Prozent prozentualen Zuschlag zum Regelsatz. Bsp. 3: Sie haben vier Kinder, ein zweijähriges, ein vierjähriges, ein achtjähriges und eines von 14 Jahren. Sie erhalten 48 Prozent prozentualen Zuschlag zum Regelsatz.

5. Einmalige Leistungen werden für Erstausstattung des Haushalts, für Bekleidung (einschließlich Sonderbedarf bei Schwangerschaft und Geburt) sowie mehrtägige Klassenfahrten erbracht.

6. Weiterhin können Beiträge für die Kranken- und Pflegeversicherung übernommen werden sowie Beiträge für die Altersvorsorge.

7. Zur Vermeidung von Wohnungsnotfällen sollen darüber hinaus Mietschulden übernommen werden.

Deutsche, die im Ausland leben, können nur noch dann Hilfe zum Lebensunterhalt erhalten, wenn sie sich in einer »außergewöhnlichen Notlage« befinden und eine Rückkehr aus bestimmten Gründen nicht möglich ist. Die Sozialhilfe umfasst auch die jeweils gebotene Beratung und Unterstützung.

EINKOMMENSANRECHNUNG

Das Einkommen der Bezieher von Sozialhilfe wird auf die Sozialhilfe angerechnet, das heißt abgezogen.

Zum 1. Januar 2005 wurden die Regelungen zur Einkommensanrechnung geändert:

Leistungsberechtigte können von dem aus Erwerbstätigkeit erzielten Einkommen 30 Prozent für sich behalten. Wenn mehr als drei Stunden pro Tag gearbeitet wird, fallen die Erwerbstätigen aus der Sozialhilfe heraus und erhalten fortan Leistungen des SGB II. Das Arbeitsförderungsgeld nach § 43 Satz 4 SGB IX bleibt generell anrechnungsfrei. Weiterhin werden die Einkommensgrenzen bei Leistungen nach dem Fünften bis Neunten Kapitel (unter anderem Hilfen zur Gesundheit und Hilfen zur Überwindung besonderer sozialer Schwierigkeit) verändert: Das SGB XII kennt nur eine Einkommensgrenze in Höhe des zweifachen Regelsatzes (siehe oben) zuzüglich 70 Prozent (des Regelsatzes) für weitere Familienmitglieder und der Kosten der Unterkunft.

Quelle: http://www.bmas.de/DE/Themen/Soziale-Sicherung/Sozialhilfe/ neues-sozialhilferecht-2005.html; Stand: Dezember 2013

Das Wohngeld hilft einkommensschwachen BürgerInnen bei ihren Wohnkosten. Das Wohngeld wird als Mietzuschuss (für MieterInnen) oder als Lastenzuschuss (für selbstnutzende EigentümerInnen) geleistet. Seit 1. Januar 2011 erhalten Personen für die Kinder, welche bei der Wohngeldbewilligung berücksichtigt worden sind und für die Kindergeld bezogen wird, Leistungen für Bildung und Teilhabe nach dem Bundeskindergeldgesetz. Wer Ihr zuständiger Ansprechpartner ist, erfahren Sie in Ihrem Rathaus oder Bürgeramt. Die Leistungen für Bildung und Teilhabe werden überwiegend als Sach- oder Dienstleistungen gewährt.

Ob Sie Wohngeld in Anspruch nehmen können und in welcher Höhe, hängt von drei Faktoren ab:

- der Anzahl der zu berücksichtigenden Haushaltsmitglieder,
- der Höhe des Gesamteinkommens,
- der Höhe der zuschussfähigen Miete beziehungsweise Belastung.

Wohngeld können Sie nur erhalten, wenn Sie einen Antrag stellen und die Voraussetzungen nachweisen. Antragsformulare erhalten Sie bei der örtlichen Wohngeldbehörde, der Gemeinde-, Stadt-, Amts- oder Kreisverwaltung. Dort erhalten Sie auch eine umfassende Beratung.

Auf Ihren Wohngeldantrag hin erteilt Ihnen die für Sie zuständige Behörde einen schriftlichen Bescheid.

Das Wohngeld wird in der Regel für zwölf Monate bewilligt, und zwar ab dem 1. des Monats, in dem Sie den Wohngeldantrag gestellt haben. Danach ist ein neuer Antrag erforderlich. Wohngeld wird nicht rückwirkend gezahlt!

Ein Wiederholungsantrag sollte zwei Monate vor Ablauf der Bewilligungsfrist eingereicht werden. Das Wohngeld wird an die Antragstellenden jeweils für einen Monat im Voraus gezahlt.

Der Antrag wird beim Amt für Wohnungswesen gestellt. Folgende Unterlagen sind dafür nötig:

- Personalausweis
- Belege über die Einkünfte und besondere Belastungen
- Mietvertrag beziehungsweise Mietquittungen der letzten drei Jahre
- Lohnsteuerkarte, Lohnsteuerjahresausgleich des Vorjahres
- Studienbescheinigung bei Studentinnen
- Mutterpass, falls Wohngeld bereits während der Schwangerschaft beantragt werden soll
- das Familienstammbuch beziehungsweise die Geburtsurkunde(n)

VATERSCHAFTSRECHT

Der rechtliche Vater eines Kindes ist der Mann, der zum Zeitpunkt der Geburt mit der Mutter verheiratet ist, der die Vaterschaft anerkannt hat oder dessen Vaterschaft vor Gericht festgestellt wurde. Der Ehemann, der Mann, der die Vaterschaft schon anerkannt hat, die Mutter, das Kind selbst (in Stellvertretung) oder unter gewissen Voraussetzungen auch derjenige, der als leiblicher Vater des Kindes in Betracht kommt, sowie die zuständige Behörde können die Vaterschaft innerhalb einer zweijährigen Frist anfechten.

Stammt das Kind nicht aus einer Ehe, weigert sich der Vater, die Vaterschaft anzuerkennen oder wurde eine Vaterschaftszurechnung erfolgreich angefochten, kann die Vaterschaft durch Mutter, Kind oder den Mann, um dessen Vaterschaft es geht, gerichtlich festgestellt werden:

- Hierfür kann man sich entweder beim Jugendamt melden, das im Rahmen einer »Beistandschaft« die Feststellung der Vaterschaft betreibt,
- sich durch einen Anwalt vertreten lassen
- oder bei der Rechtsantragsstelle des Familiengerichts Vaterschaftsklage einlegen.

In der Regel wird die biologische (und bei Feststellung sodann rechtliche) Vaterschaft durch ein serologisches und eventuell zusätzliches DNS-Gutachten festgestellt. Die Richtigkeitsgewähr der Untersuchungen erreicht dabei Werte knapp unter 100 Prozent. Für den notwendigen Bluttest muss das Kind mindestens acht Monate alt sein.

Die Entscheidung des Gerichts entfaltet auch Wirkung für die Vergangenheit, was vor allem auch für unterhaltsrechtliche Ansprüche von Bedeutung ist.

Quelle: »Familienrecht«, Dieter Schwab, C.H. Beck Verlag, 17. Auflage, 2009; »Alleinerziehend – Tipps und Informationen«, Hg. Verband alleinerziehender Mütter und Väter, 14. Auflage, 2002.

ELTERLICHE SORGE

Die »elterliche Sorge« – auch Sorgerecht genannt – ist in den §§ 1626 bis 1698b des Bürgerlichen Gesetzbuches (BGB) geregelt. Die elterliche Sorge umfasst dabei die Sorge für die Person des Kindes (Personensorge) und das Vermögen des Kindes (Vermögenssorge).

Gegenüber dem Kind ist die elterliche Sorge ihrer Funktion nach wesentlich auf den Schutz des Kindes und die Förderung seiner Entwicklung und seines Wohls bezogen. Sie umfasst die Pflege des Kindes sowie seine Erziehung. Aus der Personensorge entspringen die Pflicht und das Recht, das Kind zu beaufsichtigen.

Mit der Personensorge sind den Eltern einige Befugnisse verliehen, die als Mittel zum Zweck dienen, die Interessen des Kindes zu wahren und zu fördern. Je weiter ein Kind in seiner Entwicklung fortschreitet, desto mehr fällt sein Selbstbestimmungsinteresse ins Gewicht. Den Eltern obliegt es, den Aufenthalt ihres minderjährigen Kindes zu bestimmen. Ferner haben die Sorgeberechtigten die Befugnis, den Umgang des Kindes mit anderen Personen zu bestimmen. Dies ist jedoch zu differenzieren beim Umgang mit Personen, die ein Umgangsrecht am Kind haben (siehe unter Umgangsrecht). Sind beide Eltern sorgeberechtigt, so haben sie die elterliche Sorge in gegenseitigem Einvernehmen auszuüben.

Inhaber der elterlichen Sorge sind die Eltern. In einer Ehe haben beide Elternteile automatisch »die Pflicht und das Recht«, gut für das Kind zu sorgen. In einer nichtehelichen Beziehung dagegen hat zuerst allein die Mutter das Sorgerecht. Durch die Reform des Kindschaftsgesetz aus dem Jahre 1998 besteht jedoch eine Möglichkeit für unverheiratete Eltern, das Sorgerecht gemeinsam auszuüben. Dazu müssen sie die sogenannte Sorgeerklärung abgeben. In ihr bestimmen sie, dass sie die Sorge gemeinsam ausüben wollen. Wichtig ist, dass diese Erklärung öffentlich beurkundet werden muss. Dies kann beim Jugendamt gemacht werden.

Bislang konnte der nichteheliche Vater des Kindes ohne die Zustimmung der Mutter das Sorgerecht nicht ausüben. Der Bundestag hat jedoch im Januar 2013 nach der Rechtsprechung des Europäischen Gerichtshofes die elterliche Sorge gesetzlich neu geregelt und die Rolle der nichtehelichen Väter gestärkt. So gilt seit Mai 2013, dass der Vater das (Mit-) Sorgerecht auch ohne Zustimmung der Mutter erhalten kann. Er muss dies beim Familiengericht beantragen und dort nicht mehr nachweisen, dass das gemeinsame Sorgerecht dem Kindeswohl zugutekommt. Die Richter sprechen den Eltern vielmehr das gemeinsame Sorgerecht zu, falls dies dem Kindeswohl nicht widerspricht (»Prinzip der negativen Kindeswohlprüfung«). Das Gericht muss der Mutter vor seiner Entscheidung die Möglichkeit geben, innerhalb einer Frist von mehreren Wochen Einwände gegen das gemeinsame Sorgerecht vorzubringen. Falls die Mutter keine Gründe gegen das gemeinsame Sorgerecht vorträgt, soll das Gericht nach Aktenlage entscheiden – also ohne persönliche Anhörung der Eltern oder der Vertreter des Jugendamts.

Wenn sich Eltern trennen, die das gemeinsame Sorgerecht haben, egal ob durch Ehe oder Sorgeerklärung, bleibt dieses Recht prinzipiell erhalten. Wenn ein Elternteil einen Antrag auf alleiniges Sorgerecht stellt oder das Kindeswohl gefährdet ist, kann das Familiengericht einem Elternteil die elterliche Sorge ganz oder teilweise übertragen.

Ein Stiefelternteil, das heißt der Ehegatte eines allein sorgeberechtigten Elternteils, hat im Einvernehmen mit Letzterem die Befugnis zur Mitentscheidung in Angelegenheiten des täglichen Lebens. Dies kommt aber nur in Betracht, wenn er mit dem alleinsorgeberechtigten Elternteil verheiratet ist. Falls er nicht mit ihm verheiratet ist, und/oder der andere Elternteil noch ein Sorgerecht hat, kann der leibliche Elternteil dem Stiefelternteil eine Vollmacht ausstellen, die diesen berechtigt, einzelne Entscheidungen des täglichen Lebens zu treffen. Voraussetzung dafür ist, dass das Kind im Haushalt des Stiefelternteils lebt. Wenn das Kind mit dem Stiefelternteil längere Zeit in einer häuslichen Gemeinschaft gelebt hat, so besteht auch nach der Trennung der Stieffamilie ein Umgangsrecht des Stiefelternteils, wenn dies dem Wohl des Kindes dient.

Quelle: »BGB – Familienrecht«, Wilfried Schlüter, 13. Auflage, 2009; »Familienrecht«, Dieter Schwab, C.H. Beck Verlag, 17. Auflage, 2009; http:// www.familien-wegweiser.de/wegweiser/stichwortverzeichnis,did=93690. html (Webseite des Bundesministeriums für Familie, Senioren, Frauen und Jugend); Stand: Dezember 2013

UMGANGSRECHT

Das Kind hat das Recht auf Umgang mit jedem Elternteil, und jeder Elternteil hat das Recht und die Pflicht zum Umgang mit dem Kind. Studien zufolge ist es für die Entwicklung von Trennungskindern das Beste, wenn sie Alltag mit beiden Eltern leben können. Das Umgangsrecht dient dazu, den Kontakt des Kindes zu den Personen, die ihm besonders nahestehen, anzubahnen, aufrechtzuerhalten und zu fördern. Dem Kind sollen insbesondere auch nach der Trennung und Scheidung seiner Eltern die gewachsenen familiären Beziehungen so weit wie möglich erhalten bleiben. Der Umgang des Kindes mit beiden Elternteilen dient in der Regel dem Wohl des Kindes und ist von besonderer Bedeutung für seine Entwicklung. Das Umgangsrecht gibt dem berechtigten Elternteil in erster Linie die Befugnis, das Kind in regelmäßigen Abständen zu sehen und zu sprechen. Zum Umgang gehört neben den persönlichen Begegnungen aber auch Brief-, E-Mail- und Telefonkontakt. Zur Erfüllung der elterlichen Aufgaben gehört es, Umgangskontakte mit dem Kind zu haben.

Nach der Rechtsprechung des Bundesverfassungsgerichts ist es einem Elternteil daher zumutbar, zum Umgang mit dem Kind verpflichtet zu werden, wenn dies dem Kindeswohl dient. Am 13. Juli 2013 trat, ebenfalls nach Beanstandung eines europäischen Gerichts, diesmal des Europäischen Gerichtshofes für Menschenrechte, das Gesetz zur Stärkung der Rechte des leiblichen, nicht rechtlichen Vaters in Kraft. Der Gerichtshof hatte in zwei Entscheidungen beanstandet, dass dem leiblichen Vater eines Kindes ein Umgangs- und Auskunftsrecht ohne Prüfung des Kindeswohlinteresses im Einzelfall vorenthalten wurde. Die Rechtsposition der leiblichen, nicht rechtlichen Väter sollte daher gestärkt werden. Das Gesetz zur Stärkung der Rechte des leiblichen, nicht rechtlichen Vaters sieht zu diesem Zweck Folgendes vor: Hat der leibliche Vater ernsthaftes Interesse an dem Kind gezeigt, erhält er ein Recht auf Umgang mit dem Kind, wenn der Umgang dem Kindeswohl dient. Das gilt unabhängig davon, ob er zum Kind bereits eine sozial-familiäre Beziehung hat. Zudem wird dem leiblichen Vater bei berechtigtem Interesse ein Recht auf Auskunft über die persönlichen Verhältnisse des Kindes eingeräumt, soweit dies dem Wohl des Kindes nicht widerspricht.

Voraussetzung des Umgangs- und Auskunftsrechts ist, dass der Antragsteller auch wirklich der leibliche Vater ist. Die leibliche Vaterschaft ist dabei im Rahmen des Umgangs- oder Auskunftsverfahrens zu prüfen und gegebenenfalls über eine Beweiserhebung zu klären.

Ein Recht auf Umgang haben außerdem:
- die Großeltern des Kindes;
- die Geschwister des Kindes;
- enge Bezugspersonen des Kindes, die für das Kind tatsächliche Verantwortung tragen oder getragen haben (»sozial-familiäre Beziehung«);
- der leibliche, nicht rechtliche Vater, der ernsthaftes Interesse an dem Kind gezeigt hat, wenn der Umgang dem Kindeswohl dient.

Mit dem seit September 2009 in Kraft getretenen Familienverfahrensgesetz (FamFG) haben sich die Regelungen bei Verstößen gegen Umgangsvereinbarungen verschärft: Verstößt ein Elternteil gegen bestehende Umgangsentscheidungen, kann das betreuende Gericht Ordnungsmittel verhängen, die, anders als nach der alten Rechtslage, auch im Nachhinein noch verhängt und vollstreckt werden können. Verwehrt ein Elternteil demnach dem anderen den ihm oder ihr zustehenden Umgang mit dem

Kind, so kann es auch dann zu einer Geldstrafe kommen, wenn der Zeitpunkt für den Umgang, etwa das Wochenende oder die Feiertage, bereits vorüber sind.

NAMENSRECHT

Führen die Eltern zur Zeit der Geburt einen gemeinsamen Familiennamen, bekommt das Kind diesen automatisch. Haben die Eltern keinen gemeinsamen Namen, aber ein gemeinsames Sorgerecht, so entscheiden sie gemeinsam, ob das Kind den Namen der Mutter oder des Vaters annimmt. Es kann kein Doppelname gebildet werden. Hat ein Elternteil das alleinige Sorgerecht, nimmt das Kind dessen Namen an. Entscheiden sich die Elternteile später für eine gemeinsame Sorge um das Kind, so können sie den Namen des Kindes neu bestimmen. Können die Eltern sich in der Namensfrage nicht einigen, so überträgt das Familiengericht einem Elternteil die Entscheidung.

Quelle: »Das neue Kindschaftsrecht. Fragen und Antworten«, Broschüre, Hg. vom Bundesministerium für Familie, Senioren, Frauen und Jugend, 2001.

BEISTAND FÜR ELTERN MIT ALLEINIGEM SORGERECHT

Eltern mit alleinigem Sorgerecht haben ein Anrecht auf Hilfe in Form einer »Beistandschaft«. Das Jugendamt sucht dann einen Sozialarbeiter aus, der auf Wunsch des Elternteils die Interessen des Kindes gegenüber dem nicht sorgeberechtigten Elternteil vertritt. Dieser kümmert sich nur um die Feststellung der Vaterschaft und darum, dass der Unterhalt regelmäßig gezahlt wird. Dabei ist nebensächlich, ob das Kind ehelich oder unehelich ist. Der Beistand wird beim Jugendamt beantragt. Hierzu genügt eine formlose Anfrage. Die Beistandschaft ist freiwillig und kann auf Wunsch des Elternteils jederzeit wieder beendet werden.

Quelle: »Die neue Beistandschaft. Hilfen des Jugendamtes bei der Feststellung der Vaterschaft des Kindes und der Geltendmachung des Kindesunterhalts«, Broschüre, Hg. vom Bundesministerium für Familie, Senioren, Frauen und Jugend, 2008.

HILFREICHE ADRESSEN
UND ANLAUFSTELLEN

Walter Blüchert Stiftung
wir2-Bindungstraining
Eickhoffstraße 5
33330 Gütersloh
Tel.: + 49(0)5241 17949-17
info@walter-bluechert-stiftung.de

• http://www.wir2-bindungstraining.de/ – wir2-Bindungstraining – ein hochwirksames Elterntraining für Alleinerziehende mit Kindern von drei bis zehn Jahren, ambulant in 20 wöchentlichen Gruppensitzungen. Damit es Ihnen und Ihren Kindern besser geht.
• http://www.walter-bluechert-stiftung.de/de/projekte/strategische-projekte/wir2/ – wir2, ein Projekt der Walter Blüchert Stiftung

Schulung von wir2-Gruppenleiterinnen und -leitern
wir2-Bindungstraining
Dirk Rampoldt
Life Science Center Düsseldorf
Merowingerplatz 1
40225 Düsseldorf
Tel.: +49(0)211 301289-45
d.rampoldt@wir2-bindungstraining.de

Celenus Klinik Kinzigtal
Bindungstraining für Alleinerziehende
Wolfsweg 12
77723 Gengenbach
Tel.: + 49(0)7803 808-0
http://www.klinik-kinzigtal.de

• Klinik Kinzigtal – spezialisiert auf die Behandlung von Menschen mit stressbedingten psychosomatischen Krankheitsbildern und Schmerzerkrankungen. Alleinerziehenden Müttern/Vätern wird im Rahmen ihrer psychosomatischen Rehabilitation (keine Mutter-Kind-Kur) das wir2-Elterntraining angeboten.

HILFREICHE LINKS

- http://www.v-r.de/de/wir2/t-0/1032930/
  Das Manual zum wir2-Bindungstraining

- http://www.bmfsfj.de/BMFSFJ/familie,did=31498.html
  Informations- und Linkseite zur Lebenssituation Alleinerziehender des Bundesministeriums für Familie, Senioren, Frauen und Jugend

- http://www.familien-wegweiser.de/wegweiser/stichwortverzeichnis,did=122910.html
  Serviceportal des Bundesministeriums für Familie, Senioren, Frauen und Jugend

- http://www.bmfsfj.de/doku/Publikationen/handbuchalleinerziehende/root.html
  Handbuch »Unterstützungsnetzwerke für Alleinerziehende« des Bundesministeriums für Familie, Senioren, Frauen und Jugend

- https://www.arbeitsagentur.de/web/wcm/idc/groups/public/documents/webdatei/mdaw/mdk4/~edisp/l6019022dstbai387847.pdf
  »Allein mit Kind – Das Leben neu ordnen«, Informationsbroschüre der Bundesagentur für Arbeit

- http://www.vamv.de/
  Verband alleinerziehender Mütter und Väter – unterstützt Alleinerziehende durch Lobbyarbeit, dient darüber hinaus mit seinen 200 regionalen Ortsverbänden und Kontaktstellen dem Erfahrungsaustausch und der gegenseitigen Hilfe und Unterstützung

- http://www.caritas.de/hilfeundberatung/
  Caritas – die Familienberatungsstelle vor Ort bietet persönliche Hilfestellung

- http://www.caritas.de/magazin/kampagne/familie/familienhelfen/ratundhilfe/alleinerziehend
  Alleinerziehend – na und? Eine Kampagne der Caritas

- http://www.alleine-erziehen.de/
  Alleinerziehenden-Seelsorge

- http://www.diakonie.de/singles-und-alleinerziehende-9688.html
  Informationsseite der Diakonie Deutschland

- http://www.profamilia.de/erwachsene/eltern-sein/finanzielle-und-soziale-hilfen/alleinerziehende.html
  Informationsseite der Profamilia zu finanziellen und sozialen Hilfen

- http://www.kbv.de/html/arztsuche.php/
  Arzt- und Psychotherapeutensuche der Kassenärztlichen Bundesvereinigung

- http: //www.kur.org/kontakt.html/
  Psychiatrisches Zentrum Nordbaden, Mutter-Kind-Projekt

- http://www.kur.org/start.html
  Mutter-Kind-Kuren

- http://www.dpg-psa.de/Therapiesuche.html
  Vermittlung von psychotherapeutischen Behandlungsplätzen

WEITERFÜHRENDE LITERATUR

CALMBACH, M., FLAIG, B., UND RODEN, I. (2014). AOK-Familienstudie 2014. Heidelberg: SINUS Markt- und Sozialforschung GmbH

FRANZ, M. (2015): Langzeitfolgen von Trennung und Scheidung. In: Egle, U., Joraschky, P., Lampe, A., Seiffge-Krenke, I., Cierpka, M. (Hrsg.): Sexueller Missbrauch, Misshandlung, Vernachlässigung. Erkennung, Therapie und Prävention der Folgen früher Stresserfahrungen, 4. Auflage: Schattauer, Stuttgart, S. 119–137

FRANZ, M. (2014): wir2-Bindungstraining für Alleinerziehende. Vandenhoeck & Ruprecht, Göttingen

FRANZ, M., KARGER, A. (Hrsg.) (2013): Scheiden tut weh. Elterliche Trennung aus Sicht der Väter und Jungen: Vandenhoeck & Ruprecht, Göttingen

HAGEN, C., KURTH, B. (2007): Gesundheit von Kindern alleinerziehender Mütter. Aus Politik und Zeitgeschichte, 42, S. 25–31

HELFFERICH, C., HENDEL-KRAMER, A., UND KLINDWORTH, H. (2003): Gesundheit alleinerziehender Mütter und Väter. Gesundheitsberichterstattung des Bundes, Heft 14. Robert-Koch-Institut, Berlin

LENZE, A. (2014): Alleinerziehende unter Druck – Rechtliche Rahmenbedingungen, finanzielle Lage und Reformbedarf. Bertelsmann-Stiftung (Hrsg.), Gütersloh

RINGBÄCK WEITOFT, G., HJERN, A., HAGLUND, B., UND ROSÉN, M. (2003): Mortality, severe morbidity, and injury in children living with single parents in Sweden. A population-based study. Lancet, 361, S. 289-295.

SARKADI, A., KRISTIANSSON, R., OBERKLAID, F., BREMBERG, S. (2008). Fathers' involvement and children's developmental outcomes: a systematic review of longitudinal studies. Acta Paediatrica, 97(2), S. 153–158

SCHARTE, M., BOLTE, G. (2011): Kinder alleinerziehender Frauen in Deutschland: Gesundheitsrisiken und Umweltbelastungen. Gesundheitswesen, 73, S. 63–66.

SPERLICH, S., COLLATZ, J. (2006): Ein-Elternschaft – eine gesundheitsriskante Lebensform? Reanalyse der Daten aus Vorsorge- und Rehabilitationseinrichtungen für Mütter und ihre Kinder. Praxis Klinische Verhaltensmedizin und Rehabilitation, 72, S. 127–137.

STATISTISCHES BUNDESAMT (2015a). Statistisches Jahrbuch. Deutschland und International 2015. Statistisches Bundesamt, Wiesbaden

STATISTISCHES BUNDESAMT (2015b): Bevölkerung und Erwerbstätigkeit. Haushalte und Familien. Ergebnisse des Mikrozensus 2014. Statistisches Bundesamt, Wiesbaden

INGRID LÖBNER

GELASSENE ELTERN – GLÜCKLICHE KINDER

MIT MEHR LEICHTIGKEIT UND ENTSPANNTHEIT DURCH DIE ERSTEN SECHS LEBENSJAHRE

14 x 22 cm, ca. 300 Seiten
ISBN 978-3-903072-20-6

DAS MODERNE LEBEN VERLANGT jungen Eltern einiges ab – aber auch deren Kindern. Ein weitgehend durchorganisierter Alltag, selbst der Tag der Kleinsten läuft meist nach Terminkalender ab. Und kommt dabei jemand aus dem Tritt, geht es oft schnell an die Substanz …

Was tun, wenn ein Baby nicht mehr schläft, wenn Kleinkinder nicht mehr spielen wollen, wenn Trotz und Chaos regieren und in der Familie jegliche Ruhe abhanden gekommen ist? Die Autorin zeigt mit ihrer jahrzehntelangen Erfahrung, wie man das Leben mit Kindern reibungsloser gestalten kann, warum Respekt, Würde und gute Grenzen der Schlüssel zum besseren Familienklima sind.

Sie erklärt, wie Eltern feinfühliger auf ihre Babys reagieren können, warum Kleinkinder mehr Freiraum und mehr Muße brauchen. Und sie brauchen mehr Gelassenheit der Eltern – auch das macht Kinder glücklich!

fischer & gann

Das gesamte Verlagsprogramm finden Sie unter www.fischerundgann.com

WOLFGANG OELSNER, GERD LEHMKUHL

SPENDERKINDER

KÜNSTLICHE BEFRUCHTUNG, SAMENSPENDE, LEIHMUTTERSCHAFT UND DIE FOLGEN

WAS KINDER FRAGEN WERDEN
WAS ELTERN WISSEN SOLLTEN

14 x 22 cm, ca. 260 Seiten
ISBN 978-3-903072-16-9

IMMER MEHR PAARE NEHMEN DIE HILFE der Reproduktionsmedizin in Anspruch, Kinderwunschzentren boomen. Überglückliche Eltern, wenn es endlich klappt, doch was ist eigentlich mit den Kindern?

Was bedeutet es, ein Spenderkind zu sein? Mit großer Offenheit erzählen zehn Kinder von ihrer Suche nach dem Vater, ihren Phantasien, der Ohnmacht und Wut, aber auch von den Aussöhnungsversuchen mit den sozialen, mitunter auch den biologischen Vätern und Müttern.

Einfühlsam beschreiben die Autoren – ohne zu bewerten – die Befindlichkeiten der Kinder. Wie können Eltern verantwortlich damit umgehen? Denn eines ist gewiss: Diese Kinder werden Fragen stellen – und es ist viel Intuition gefragt, damit ein Dialog mit ihnen gelingt.

fischer **&** *gann*

Das gesamte Verlagsprogramm finden Sie unter www.fischerundgann.com